心一堂術數古籍珍本叢刊

書名：三元宅墓圖 附 家傳秘冊
系列：心一堂術數古籍珍本叢刊 堪輿類 蔣徒張仲馨三元真傳系列 第二輯 172
作者：【清】趙文鳴
主編、責任編輯：陳劍聰
心一堂術數古籍珍本叢刊編校小組：陳劍聰 素聞 梁松盛 鄒偉才 虛白盧主

出版：心一堂有限公司
通訊地址：香港九龍旺角彌敦道六一〇號荷李活商業中心十八樓〇五—〇六室
深港讀者服務中心·中國深圳市羅湖區立新路六號羅湖商業大厦負一層〇〇八室
電話號碼：(852)67150840
網址：publish.sunyata.cc
電郵：sunyatabook@gmail.com
網店：http://book.sunyata.cc
淘寶店地址：https://shop210782774.taobao.com
微店地址：https://weidian.com/s/1212826297
臉書：https://www.facebook.com/sunyatabook
讀者論壇：http://bbs.sunyata.cc/

版次：二零一六年八月初版
平裝

定價：
港幣 二百三十八元正
人民幣 二百三十八元正
新台幣 九百九十八元正

國際書號：ISBN 978-988-8317-26-4

香港發行：香港聯合書刊物流有限公司
地址：香港新界大埔汀麗路36號中華商務印刷大厦3樓
電話號碼：(852)2150-2100
傳真號碼：(852)2407-3062
電郵：info@suplogistics.com.hk

台灣發行：秀威資訊科技股份有限公司
地址：台灣台北市內湖區瑞光路七十六巷六十五號一樓
電話號碼：+886-2-2796-3638
傳真號碼：+886-2-2796-1377
網絡書店：www.bodbooks.com.tw
台灣國家書店讀者服務中心：
地址：台灣台北市中山區松江路二〇九號一樓
電話號碼：+886-2-2518-0207
傳真號碼：+886-2-2518-0778
網絡書店：http://www.govbooks.com.tw

中國大陸發行 零售：深圳心一堂文化傳播有限公司
深圳地址：深圳市羅湖區立新路六號羅湖商業大厦負一層〇〇八室
電話號碼：(86)0755-82224934

心一堂微店二維碼

心一堂淘寶店二維碼

心一堂術數古籍 珍本 整理 叢刊 總序

術數定義

術數，大概可謂以「推算（推演）、預測人（個人、群體、國家等）、事、物、自然現象、時間、空間方位等規律及氣數，並或通過種種『方術』，從而達致趨吉避凶或某種特定目的」之知識體系和方法。

術數類別

我國術數的內容類別，歷代不盡相同，例如《漢書・藝文志》中載，漢代術數有六類：天文、曆譜、五行、蓍龜、雜占、形法。至清代《四庫全書》，術數類則有：數學、占候、相宅相墓、占卜、命書、相書、陰陽五行、雜技術等，其他如《後漢書・方術部》、《藝文類聚・方術部》、《太平御覽・方術部》等，對於術數的分類，皆有差異。古代多把天文、曆譜、及部分數學均歸入術數類，而民間流行亦視傳統醫學作為術數的一環；此外，有些術數與宗教中的方術亦往往難以分開。現代民間則常將各種術數歸納為五大類別：命、卜、相、醫、山，通稱「五術」。

本叢刊在《四庫全書》的分類基礎上，將術數分為九大類別：占筮、星命、相術、堪輿、選擇、三式、讖諱、理數（陰陽五行）、雜術（其他）。而未收天文、曆譜、算術、宗教方術、醫學。

術數思想與發展——從術到學，乃至合道

我國術數是由上古的占星、卜筮、形法等術發展下來的。其中卜筮之術，是歷經夏商周三代而通過「龜卜、蓍筮」得出卜（筮）辭的一種預測（吉凶成敗）術，之後歸納並結集成書，此即現傳之《易

經》。經過春秋戰國至秦漢之際，受到當時諸子百家的影響、儒家的推崇，遂有《易傳》等的出現，原本是卜筮術書的《易經》，被提升及解讀成有包涵「天地之道（理）」之學。因此，《易・繫辭傳》曰：「易與天地準，故能彌綸天地之道。」

漢代以後，易學中的陰陽學說，與五行、九宮、干支、氣運、災變、律曆、卦氣、讖緯、天人感應說等相結合，形成易學中象數系統。而其他原與《易經》本來沒有關係的術數，如占星、形法、選擇，亦漸漸以易理（象數學說）為依歸。《四庫全書・易類小序》云：「術數之興，多在秦漢以後。要其旨，不出乎陰陽五行，生尅制化。實皆《易》之支派，傳以雜說耳。」至此，術數可謂已由「術」發展成「學」。

及至宋代，術數理論與理學中的河圖洛書、太極圖、邵雍先天之學及皇極經世等學說給合，通過術數以演繹理學中「天地中有一太極，萬物中各有一太極」（《朱子語類》）的思想。術數理論不單已發展至十分成熟，而且也從其學理中衍生一些新的方法或理論，如《梅花易數》、《河洛理數》等。

在傳統上，術數功能往往不止於僅僅作為趨吉避凶的方術，及「能彌綸天地之道」的學問，亦有其「修心養性」的功能，「與道合一」（修道）的內涵。《素問・上古天真論》：「上古之人，其知道者，法於陰陽，和於術數。」數之意義，不單是外在的算數、歷數、氣數，而是與理學中同等的「道」、「理」--心性的功能，北宋理氣家邵雍對此多有發揮：「聖人之心，是亦數也」、「萬化萬事生乎心」、「心為太極」。《觀物外篇》：「先天之學，心法也。……蓋天地萬物之理，盡在其中矣，心一而不分，則能應萬物。」反過來說，宋代的術數理論，受到當時理學、佛道及宋易影響，認為心性本質上是等同天地之太極。天地萬物氣數規律，能通過內觀自心而有所感知，即是內心也已具備有術數的推演及預測、感知能力；相傳是邵雍所創之《梅花易數》，便是在這樣的背景下誕生。

《易・文言傳》已有「積善之家，必有餘慶；積不善之家，必有餘殃」之說，至漢代流行的災變說及讖緯說，我國數千年來都認為天災，異常天象（自然現象），皆與一國或一地的施政者失德有關；下至家族、個人之盛衰，也都與一族一人之德行修養有關。因此，我國術數中除了吉凶盛衰理數之外，人心的德行修養，也是趨吉避凶的一個關鍵因素。

術數與宗教、修道

在這種思想之下，我國術數不單只是附屬於巫術或宗教行為的方術，又往往是一種宗教的修煉手段——通過術數，以知陰陽，乃至合陰陽（道）。「其知道者，法於陰陽，和於術數。」例如，「奇門遁甲」術中，即分為「術奇門」與「法奇門」兩大類。「法奇門」中有大量道教中符籙、手印、存想、內煉的內容，是道教內丹外法的一種重要外法修煉體系。甚至在雷法一系的修煉上，亦大量應用了術數內容。此外，相術、堪輿術中也有修煉望氣（氣的形狀、顏色）的方法；堪輿家除了選擇陰陽宅之吉凶外，也有道教中選擇適合修道環境（法、財、侶、地中的地）的方法，以至通過堪輿術觀察天地山川陰陽之氣，亦成為領悟陰陽金丹大道的一途。

易學體系以外的術數與的少數民族的術數

我國術數中，也有不用或不全用易理作為其理論依據的，如揚雄的《太玄》、司馬光的《潛虛》。也有一些占卜法、雜術不屬於《易經》系統，不過對後世影響較少而已。

外來宗教及少數民族中也有不少雖受漢文化影響（如陰陽、五行、二十八宿等學說。）但仍自成系統的術數，如古代的西夏、突厥、吐魯番等占卜及星占術，藏族中有多種藏傳佛教占卜術、苯教占卜術、擇吉術、推命術、相術等；北方少數民族有薩滿教占卜術；不少少數民族如水族、白族、布朗族、佤族、彝族、苗族等，皆有占雞（卦）草卜、雞蛋卜等術，納西族的占星術、占卜術，彝族畢摩的推命術、占卜術……等等，都是屬於《易經》體系以外的術數。相對上，外國傳入的術數以及其理論，對我國術數影響更大。

曆法、推步術與外來術數的影響

我國的術數與曆法的關係非常緊密。早期的術數中，很多是利用星宿或星宿組合的位置（如某星在某州或某宮某度）付予某種吉凶意義，并據之以推演，例如歲星（木星）、月將（某月太陽所躔之宮次）等。不過，由於不同的古代曆法推步的誤差及歲差的問題，若干年後，其術數所用之星辰的位置，已與真實星辰的位置不一樣了；此如歲星（木星），早期的曆法及術數以十二年為一周期（以應地支），與木星真實周期十一點八六年，每幾十年便錯一宮。後來術家又設一「太歲」的假想星體來解決，是歲星運行的相反，週期亦剛好是十二年。而術數中的神煞，很多即是根據太歲的位置而定。又如六壬術中的「月將」，原是立春節氣後太陽躔娵訾之次而稱作「登明亥將」，至宋代，因歲差的關係，要到雨水節氣後太陽才躔娵訾之次，當時沈括提出了修正，但明清時六壬術中「月將」仍然沿用宋代沈括修正的起法沒有再修正。

由於以真實星象周期的推步術是非常繁複，而且古代星象推步術本身亦有不少誤差，大多數術數除依曆書保留了太陽（節氣）、太陰（月相）的簡單宮次計算外，漸漸形成根據干支、日月等的各自起例，以起出其他具有不同含義的眾多假想星象及神煞系統。唐宋以後，我國絕大部分術數都主要沿用這一系統，也出現了不少完全脫離真實星象的術數，如《子平術》、《紫微斗數》、《鐵版神數》等。後來就連一些利用真實星辰位置的術數，如《七政四餘術》及選擇法中的《天星選擇》，也已與假想星象及神煞混合而使用了。

隨着古代外國曆（推步）、術數的傳入，如唐代傳入的印度曆法及術數，元代傳入的回回曆等，其中我國占星術便吸收了印度占星術中羅睺星、計都星等而形成四餘星，又通過阿拉伯占星術而吸收了其中來自希臘、巴比倫占星術的黃道十二宮、四大（四元素）學說（地、水、火、風），並與我國傳統的二十八宿、五行說、神煞系統並存而形成《七政四餘術》。此外，一些術數中的北斗星名，不用我國傳統的星名：天樞、天璇、天璣、天權、玉衡、開陽、搖光，而是使用來自印度梵文所譯的：貪狼、巨門、祿存、文曲，廉貞、武曲、破軍等，此明顯是受到唐代從印度傳入的曆法及占星術所影響。如星命術中的《紫微斗數》及堪輿術中的《撼龍經》等文獻中，其星皆用印度譯名。及至清初《時憲曆》，置閏之法則改用西法「定氣」。清代以後的術數，又作過不少的調整。

此外，我國相術中的面相術、手相術，唐宋之際受印度相術影響頗大，至民國初年，又通過翻譯歐西、日本的相術書籍而大量吸收歐西相術的內容，形成了現代我國坊間流行的新式相術。

陰陽學——術數在古代、官方管理及外國的影響

術數在古代社會中一直扮演着一個非常重要的角色，影響層面不單只是某一階層、某一職業、某一年齡的人，而是上自帝王，下至普通百姓，從出生到死亡，不論是生活上的小事如洗髮、出行等，大事如建房、入伙、出兵等，從個人、家族以至國家，從天文、氣象、地理到人事、軍事，從民俗、學術到宗教，都離不開術數的應用。我國最晚在唐代開始，已把以上術數之學，稱作陰陽（學），行術數者稱陰陽人。（敦煌文書、斯四三二七唐《師師漫語話》：「以下說陰陽人謾語話」，此說法後來傳入日本，今日本人稱行術數者為「陰陽師」）。一直到了清末，欽天監中負責陰陽術數的官員中，以及民間術數之士，仍名陰陽生。

古代政府的中欽天監（司天監），除了負責天文、曆法、輿地之外，亦精通其他如星占、選擇、堪輿等術數，除在皇室人員及朝庭中應用外，也定期頒行日書、修定術數，使民間對於天文、日曆用事吉凶及使用其他術數時，有所依從。

我國古代政府對官方及民間陰陽學及陰陽官員，從其內容、人員的選拔、培訓、認證、考核、律法監管等，都有制度。至明清兩代，其制度更為完善、嚴格。

宋代官學之中，課程中已有陰陽學及其考試的內容。（宋徽宗崇寧三年〔一一零四年〕崇寧算學令：「諸學生習……並曆算、三式、天文書。」「諸試……三式即射覆及預占三日陰陽風雨。天文即預

定一月或一季分野災祥，並以依經備草合問為通。」

金代司天臺，從民間「草澤人」（即民間習術數人士）考試選拔：「其試之制，以《宣明曆》試推步，及《婚書》、《地理新書》試合婚、安葬，並《易》筮法，六壬課、三命、五星之術。」（《金史》卷五十一・志第三十二・選舉一）

元代為進一步加強官方陰陽學對民間的影響、管理、控制及培育，除沿襲宋代、金代在司天監掌管陰陽學及中央的官學陰陽學課程之外，更在地方上增設陰陽學課程（《元史・選舉志一》：「世祖至元二十八年夏六月始置諸路陰陽學。」）地方上也設陰陽學教授員，培育及管轄地方陰陽人。（《元史・選舉志一》：「（元仁宗）延祐初，令陰陽人依儒醫例，於路、府、州設教授員，凡陰陽人皆管轄之，而上屬於太史焉。」）自此，民間的陰陽術士（陰陽人），被納入官方的管轄之下。

至明清兩代，陰陽學制度更為完善。中央欽天監掌管陰陽學，明代地方縣設陰陽學正術，各州設陰陽學典術，各縣設陰陽學訓術。陰陽人從地方陰陽學肄業或被選拔出來後，再送到欽天監考試。（《大明會典》卷二二三：「凡天下府州縣舉到陰陽人堪任正術等官者，俱從吏部送（欽天監），考中，送回選用；不中者發回原籍為民，原保官吏治罪。」）清代大致沿用明制，凡陰陽術數之流，悉歸中央欽天監及地方陰陽官員管理、培訓、認證。至今尚有「紹興府陰陽印」、「東光縣陰陽學記」等明代銅印，及某某縣某某之清代陰陽執照等傳世。

清代欽天監漏刻科對官員要求甚為嚴格。《大清會典》「國子監」規定：「凡算學之教，設肄業生。滿洲十有二人，蒙古、漢軍各六人，於各旗官學內考取。漢十有二人，於舉人、貢監生童內考取。附學生二十四人，由欽天監選送。教以天文演算法諸書，五年學業有成，舉人引見以欽天監博士用，貢監生童以天文生補用。」學生在官學肄業、貢監生肄業或考得舉人後，經過了五年對天文、算法、陰陽學的學習，其中精通陰陽術數者，會送往漏刻科。而在欽天監供職的官員，《大清會典則例》「欽天監」規定：「本監官生三年考核一次，術業精通者，保題升用。不及者，停其升轉，再加學習。如能黽勉供職，即予開復。仍不及者，降職一等，再令學習三年，能習熟者，准予開復，仍不能者，黜退。」除定期考核以定其升用降職外，《大清律例》中對陰陽術士不準確的推斷（妄言禍福）是要治罪的。《大清律例．一七八．術七．妄言禍福》：「凡陰陽術士，不許於大小文武官員之家妄言禍福，違者杖一百。其依經推算星命卜課，不在禁限。」大小文武官員延請的陰陽術士，自然是以欽天監漏刻科官員或地方陰陽官員為主。

官方陰陽學制度也影響鄰國如朝鮮、日本、越南等地，一直到了民國時期，鄰國仍然沿用着我國的多種術數。而我國的漢族術數，在古代甚至影響遍及西夏、突厥、吐蕃、阿拉伯、印度、東南亞諸國。

術數研究

術數在我國古代社會雖然影響深遠，「是傳統中國理念中的一門科學，從傳統的陰陽、五行、九宮、八卦、河圖、洛書等觀念作大自然的研究。……傳統中國的天文學、數學、煉丹術等，要到上世紀中葉始受世界學者肯定。可是，術數還未受到應得的注意。術數在傳統中國科技史、思想史，文化史、社會史，甚至軍事史都有一定的影響。……更進一步了解術數，我們將更能了解中國歷史的全貌。」（何丙郁《術數、天文與醫學中國科技史的新視野》，香港城市大學中國文化中心。）

可是術數至今一直不受正統學界所重視，加上術家藏秘自珍，又揚言天機不可洩漏，「（術數）乃吾國科學與哲學融貫而成一種學說，數千年來傳衍嬗變，或隱或現，全賴一二有心人為之繼續維繫，賴以不絕，其中確有學術上研究之價值，非徒癡人說夢，荒誕不經之謂也。其所以至今不能在科學中成立一種地位者，實有數因。蓋古代士大夫階級目醫卜星相為九流之學，多恥道之；而發明諸大師又故為惝恍迷離之辭，以待後人探索；間有一二賢者有所發明，亦秘莫如深，既恐洩天地之秘，復恐譏為旁門左道，始終不肯公開研究，成立一有系統說明之書籍，貽之後世。故居今日而欲研究此種學術，實一極困難之事。」（民國徐樂吾《子平真詮評註》，方重審序）

現存的術數古籍，除極少數是唐、宋、元的版本外，絕大多數是明、清兩代的版本。其內容也主要是明、清兩代流行的術數，唐宋或以前的術數及其書籍，大部分均已失傳，只能從史料記載、出土文獻、敦煌遺書中稍窺一鱗半爪。

術數版本

坊間術數古籍版本，大多是晚清書坊之翻刻本及民國書賈之重排本，其中豕亥魚魯，或任意增刪，往往文意全非，以至不能卒讀。現今不論是術數愛好者，還是民俗、史學、社會、文化、版本等學術研究者，要想得一常見術數書籍的善本、原版，已經非常困難，更遑論如稿本、鈔本、孤本等珍稀版本。在文獻不足及缺乏善本的情況下，要想對術數的源流、理法、及其影響，作全面深入的研究，幾不可能。

有見及此，本叢刊編校小組經多年努力及多方協助，在海內外搜羅了二十世紀六十年代以前漢文為主的術數類善本、珍本、鈔本、孤本、稿本、批校本等數百種，精選出其中最佳版本，分別輯入兩個系列：

一、心一堂術數古籍珍本叢刊

二、心一堂術數古籍整理叢刊

前者以最新數碼（數位）技術清理、修復珍本原本的版面，更正明顯的錯訛，部分善本更以原色彩色精印，務求更勝原本。并以每百多種珍本、一百二十冊為一輯，分輯出版，以饗讀者。後者延請、稿約有關專家、學者，以善本、珍本等作底本，參以其他版本，古籍進行審定、校勘、注釋，務求打造一最善版本，方便現代人閱讀、理解、研究等之用。

限於編校小組的水平，版本選擇及考證、文字修正、提要內容等方面，恐有疏漏及舛誤之處，懇請方家不吝指正。

心一堂術數古籍 珍本 整理 叢刊編校小組

二零零九年七月序

二零一四年九月第三次修訂

《三元宅墓圖》附《家傳秘冊》提要

《三元宅墓圖》一卷、另附《家傳秘冊》一卷。[清]趙文鳴輯撰。清同治四年（一八六五）鈔本。未刊稿。

趙文鳴（一七一六—一七八二），字宸藻，號清泉，上海浦東高行鎮人。府庠生。室號「青琅玕館」，詩、書、畫俱工。書法於王，畫宗於倪。有《清泉詩集》二卷，及《別集》二卷、《詠史》二卷、《週歲》一卷、《百花》一卷、《百鳥》一卷，於《海上墨林》及《中國美術家大辭典》有傳。晚年精研地理，乾隆四十一年（一七七六）輯《三元地理真傳》四卷、乾隆四十三年（一七七八）撰《三元地理考證》、乾隆四十四年（一七七九）撰《三元宅墓圖》一卷等書行世。乾隆五十五年（一七九〇）以侄秉沖貴，贈奉政大夫戶部山西司員外郎。

趙文鳴之弟趙文哲（一七二五—一七七三），字璞函，亦為著名文學家與詩人，乃「吳中七子」之一，於《清史稿》有傳。乾隆三十八年（一七七三），趙文哲於金川之役為國捐軀後，朝庭欽賜數丈高的帶斗旗杆樹於宅中，故世人稱此地為「趙家旗杆」，趙文鳴於《三元宅墓圖》中曾多次提及其宅墓。趙文哲死後，當時趙文鳴剛得訣後不久，乃依三元法扦葬其父及其弟。不出三年，趙文哲的兩個兒子即當高官。趙家旗杆趙氏老宅也經趙文鳴所改造，直至一九九二年，才因上海浦東開發而被拆遷。趙氏一族後人官祿俱佳，歷二百餘年，興旺繁衍至今。其家族被譽為清代著名文化世家，屬歷代趙氏望族之一（張書學《歷代趙氏望族》）。

趙文鳴於《三元地理考證》中自述得「蔣公三元之秘」於「垂髫契友張醒癡」，又於《家傳秘冊》之〈三元秘旨要法〉中更詳言：「醒癡本從三合入手，後受業於華涇劉後覺子。劉與汪云吾友善，盡得蔣公三元之秘。」據虛白廬藏汪云吾秘本：汪云吾乃乾隆年間上海堪輿名家，其師楊臥雲，號心一子，是蔣大鴻首徒張仲馨弟子。因此，趙文鳴確實屬於蔣大鴻嫡派真傳一脈，其傳承如下：蔣大鴻—張仲馨—楊臥雲—汪云吾—劉樂山—張醒癡—趙文鳴。

《三元宅墓圖》一卷，乃趙文鳴輯錄自己歷年來扦閱的宅墓案例三十八圖，並附有天星擇日，此皆趙氏留下的極為珍貴三元玄空地理作法案例。

《家傳秘冊》一卷，乃趙文鳴輯撰的九種資料，包括《青囊海角權衡三字經》、《玉鏡正經》、《枕中記》、《八極神樞》、《醒心篇》、《神火精》、《三元地理詩》，及《三元秘旨要法》、《三元緊要秘法》。前七種同於《三元地理真傳》所輯，末後兩篇，只作家傳。《三元秘旨要法》乃趙文鳴撰於乾隆四十一年丙申（一七七六），以授其次兒秉源，論說三元地理入門之要法。因篇中有部份內容不宜公開，趙文鳴遂將之略作刪節以另成《三元地理考證》，而此原篇唯留作家傳。《三元緊要秘法》則為補充一些訣法而已。此份《秘冊》是趙氏後人於咸豐四年甲寅（一八五四）抄成之本。

趙文鳴於《三元秘旨要法》中論述的三元玄空法，條理井然，至簡至要。全篇先述「源流」，以示地理正宗之學；次申「辨偽」，以闢托名支離之術；歸結「真傳」，以推重蔣公三元之法。繼而說「元運」，以明三元局龍水相對兼收之理；進而言「平洋」之水法吉凶、「山法」之山龍宜忌，及「陽基」之外勢內局，皆以合元運為生旺。再詳說「擇日」，此即七政四餘之天星立命法，以盡堪輿之要。最後「自述」得傳始末，乃舉其父晴川及其弟璞函之墓為例，全以水龍作法立局，並附天星擇日用事。通篇雖只

「撮取大略，但句句緊要，字字金針」，堪作入門津梁。

三元法自蔣大鴻《地理辨正》等著作於清初出世，廣泛流傳，然而由於蔣大鴻著作于三元具體口訣作法上秘而不泄，蔣氏門人（如張仲馨、駱士鵬、呂相烈、姜垚、胡泰徵、畢世持、沈億年）及其傳人，都不以此道為業，具體口訣作法除蔣氏嫡派真傳一脈外，可說是數百年來一直以來隱而不宣。晚清沈竹礽曾歸納當時影響較大六個三元玄空門派：無常派、滇南派、蘇州派、廣東派、上虞派、湘楚派。近代以無常派影響最大，民國以來的書籍如晚清沈竹礽《增廣沈氏玄空學》中的《仲山宅斷》、[民國]談養吾《談氏三元地理大玄空實驗》、《宅運新案》初集及二集、[民國]尤惜陰《二宅實驗》、以及近年才公開的秘本如《臨穴指南》、《仲山宅斷秘繪稿本》、《章仲山宅案附無常派玄空秘要》等，皆出自三元玄空的無常派，其中的宅案及具體斷事、佈局、作法皆對現代坊間流行的三元玄空宅法影響深遠，一脈相承。但是據六派（包括無常派）公開的著作，六派都未有交代其師承傳自那位蔣氏門人。而趙氏此書及《三元地理真傳》，傳承授受真確，而且部份篇章原為家傳，本無意以付梓。今此公開整理出版，相信是三百年來對蔣氏嫡派真傳一脈之理、法、訣：包括其原理、選址、佈局、立穴、定向、擇日等的具體完整泄露的文獻資料。通過趙氏此書及其宅墓圖案例，可以窺知蔣大鴻三元法的本來面目，甚為活潑簡要，而又具有奇驗，並無後世玄空學的種種牽強煩瑣。即由趙氏的論述，亦可還原蔣公一脈推重水龍的風格，而益見本書的珍貴之處。可說是比以經是極稀有難得的章仲山秘本：《臨穴指南》、《仲山宅斷秘繪稿本》、《章仲山宅案附無常派玄空秘要》等更稀有珍貴的秘中秘笈。

晚清三元玄空名家沈竹礽雖搜羅天下地堪輿秘本數百種以上，可是蔣氏嫡派張仲馨一脈秘本仍未曾見。直至沈氏再傳弟子申聽禪才搜羅秘本中，才稍稍得見張仲馨一脈訣法，對「沈氏玄空」內容的所訂正、深化及發展。如三元立局；又在選擇（擇日）上，改宗天星選擇（《沈氏玄空學》原提倡用紫白之法來代替天星選擇）等。見[民國]申聽禪《沈氏玄空吹虀室雜存》中所載張仲馨一脈口訣，同《三元地理真傳》中《元運龍水口訣三首》。以本書三元法訣再讀《沈氏玄空吹虀室雜存》中有關水龍作法、平洋局法，可解其秘。

讀者以本書跟《三元地理真傳》同讀，再參《三元地理密錄》、《青囊一粟》、《地理辨正再辨》、《姚氏地理辨正圖說附地理九星并挨星真訣全圖 秘傳河圖精義等數種合刊》、《堪輿一覽》、《地理心法闡微》、《三元地理正傳》、《三元地學秘傳》、《三元玄空挨星四十八局圖說》、《三元天心正運》、《地理辨正發微》、《地理冰海》（原本及王元極增批本）、《地理辨正圖訣》、《三元真諦稿本——讀地理辨正指南》、《三元陽宅萃篇》等，當可領悟蔣氏三元玄空之奧秘。

為令此稀見鈔本不致湮沒，特用最新技術修復精印限量出版，以供同道中人參考研究及收藏。

三元宅墓圖序

堪輿一道藝事耳然非寡聞淺見者所能蓋登山點穴係全家之興廢攸關累世之安危所賴自非仰觀俯察精心攷証何以悉歸於至當哉故登穴定局宜審乎向背正邪運會所趨當察乎衰旺久暫然定局雖究乎氣運登穴要察乎星辰若形局佳而氣運旺不以天心扶助地脉所謂穴吉葬凶縱佳壤不能見效也嘗觀世間俗師於三元地理諸書未能明晰管窺蠡測自詡其能識之不精見之不廣一時臆斷使人求福得禍求吉反凶不知其自問將何以自安哉余生平閱地未敢率意妄作每

逢親友延及先覲形勢次察盛衰可則取之否則舍之雖數年
來扦穴無多而陰陽兩宅其於巒頭理氣洞悉淵源常遵黃石
素書之矩矱不越郭公楊子之範圍爰取廿圖彙成一帙其中
有已應者有將應者有覓吉壤而以安先兆者有點穴未扦而
以待後人者畧加批註隱藏於家俟接踵而起者誠信為攷証
之有驗爾
乾隆四十四年小春月上海天水清泉氏譔

序

古來為堪輿者多矣而其道有元合之不同何哉蓋合自唐之一行僧偽造銅函経以滅蠻而淺見寡聞之輩反認以為真於是一唱百和而三合之道盛行然皆顛倒是非全無實據若夫元運之法羲文所肇成周繼之爾時河洛呈祥六十四卦之化生悉備澗瀍相宅八百餘年之基業以開其源遠其流長天下後世炳若日星故我高祖清泉公所學之地理無非先聖賢一脈之傳其所集之三元宅墓圖徵驗亦幾於一輙如建高叔祖松崖公曾叔祖良臣公之宅旋見家業興隆均開當鋪數世弗

哀及築高〻祖晴川公高叔祖璞函公之墓未及三年而曾叔
祖實君公膺補内閣中書出任成都謙士公官至司農兼管錢
法堂事務遂目覩其顯達厥後子啟斗垣兩叔祖亦同登翰苑
曾叔祖作純公知監利叔祖怡園公知正定雪香公知亳州其
餘儒學縣丞不可枚舉迄今為官食禄餘澤猶有存焉可見三
元之效捷如應響又且悠久無疆非譽詞也道其實也雖圖中
尚有未扦之穴然觀其既往即可知其將來則清泉公所彙之
圖洵乎其不我欺矣後之繼起者尚其法之
同治四年孟陬之月元孫增崧翰甫氏於河間館中謹識

序

夫葬親者人子當盡之職非邀求富貴也故孔子曰死葬之以禮然根本固而枝葉自榮泉源深而水流必永経云相其陰陽觀其流泉而公劉遂興於豳地率西水滸聿來胥宇而亶父頓起於岐山此非地理可憑之一證乎余 先君辭世欲卜葬而未有佳壤心竊憂之一日吳興嶽父來家袖出一書而言曰此清泉趙公所集之宅墓圖也爾欲卜葬盍觀此圖於是披閱之下有葬而已應者有点穴未扦者余在未扦之中選擇一地得而葬之此 先君之餘福也爰念古之著書立說者多矣如楊

曾廖賴諸君其所論之吉凶禍福非不言之鑿鑿語之諄諄然人遠代湮究難徵信不若清泉趙公之同里而又近時按其圖不啻探其秘覩其書不難得其真凡欲擇地葬親不當奉以爲法哉

同治四年乙丑菊秋之吉後學淩照月舟甫拜序

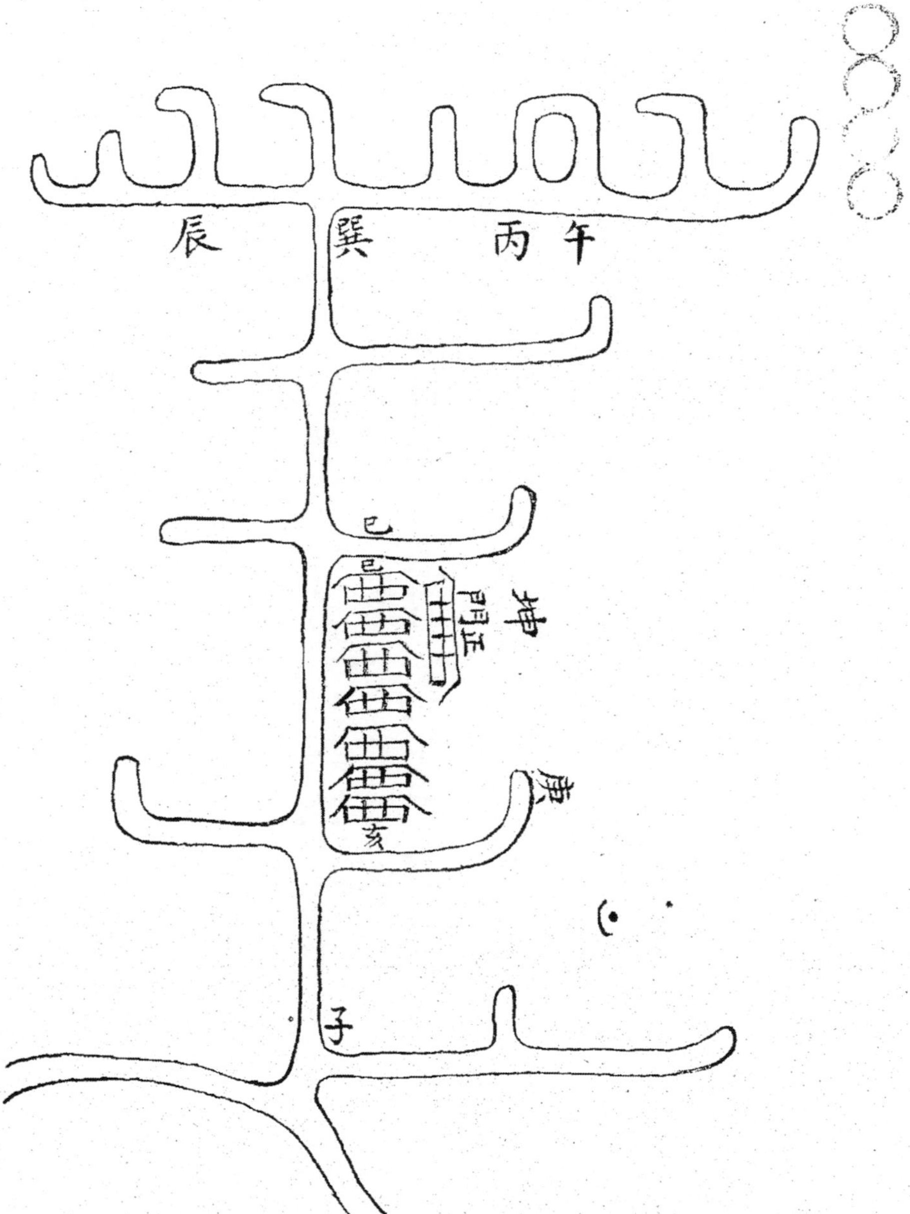
辰
巽
丙
午
巳
巳
門正
坤
庚
亥
子
黃家溝

此係予之老宅。屋凡七進。俱巳向亥宅。正門在中間第四進西廂房。向西出入。住南三進者。向北出亥門。轉坤申門。住北三進者。向南出巳門。轉丙午丁門。故住南半宅者。得丙午丁辰巽巳水。重重疊疊。似印如笏。并受乾戌坤申之龍。所以長旺。因合上中元之旺運也。住北半宅者。得丙午丁龍。併有壬子癸水。領足上元之煞氣。故雖巽庚癸合生旺墓三合之法。而終見衰替耳。即此已見三合之不準。而三元之足信也。

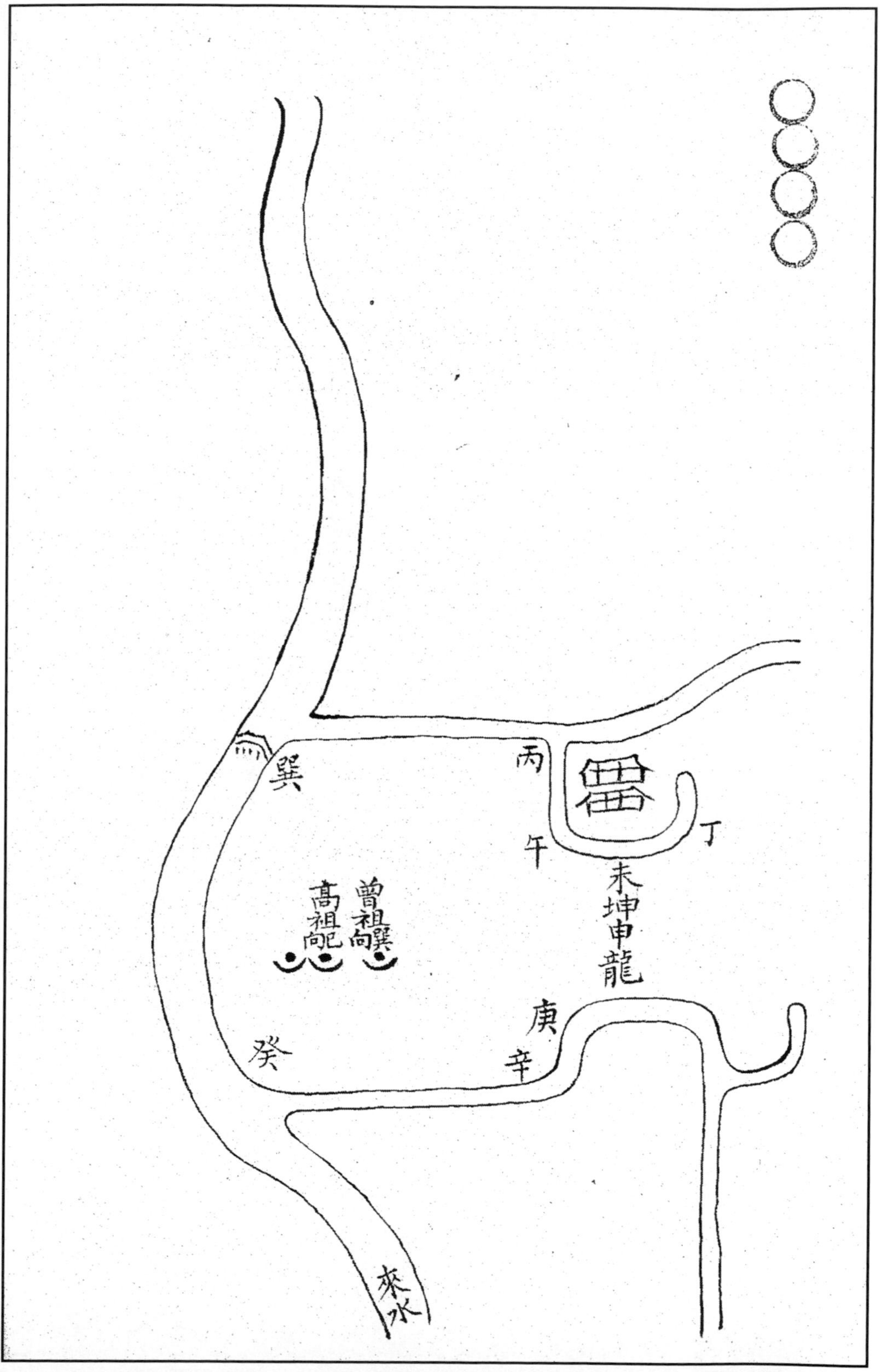
巽
丙
午
丁
未坤申龍
曾祖向巽
高祖向巳
庚
辛
癸
來水

此予高祖寍所公曾祖元禮公之墓。得都臺浦五十里巽水曲折朝堂。乾水五六里曲折坐後。此固中元正格。自交中元第八年予父率予弟兄。獨力支持。幾至廢家。開通臺浦。越九年。聖駕南巡　召試。璞函弟。蒙賜舉人。教授內閣中書。敬安弟。家業驟發。豈非三元之可證哉。

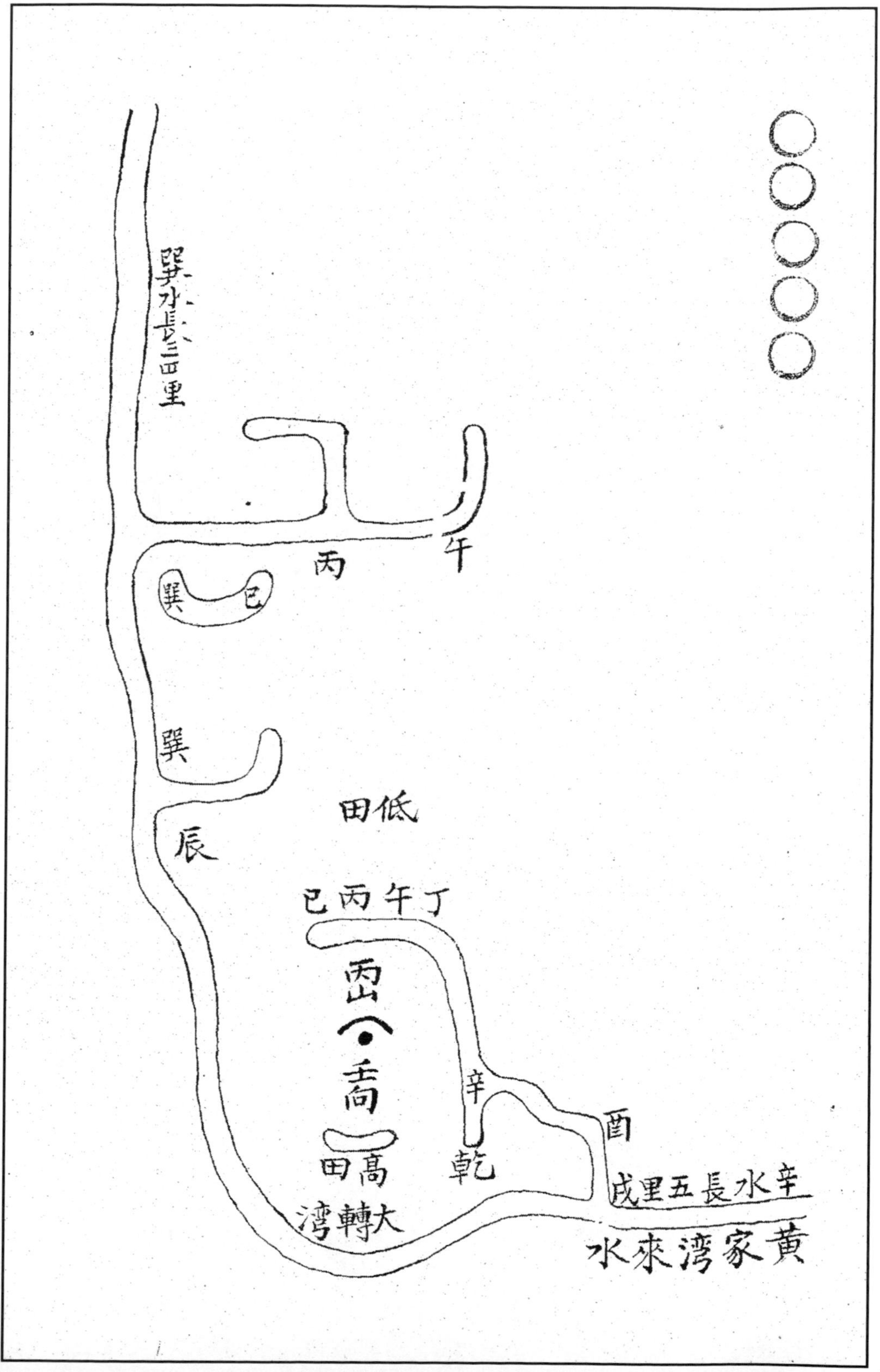
巽水長三四里
午
丙
巽
巳
巽
低田
辰
巳丙午丁
酉山
卯向
辛
酉
乾
高田
大轉灣
辛水長五里戌
黃家灣來水

此予先人之墓也。正針立丙山壬向。取都臺浦入黃家灣溝辛方來水有五六里之遠。從墓前迴環兜抱到辰至巽曲折長三四里。墓坐大轉灣之間。其枝河自戌入口。至辛。復北至乾。南至丁。兜抱至午。至丙至巳。穴坐巳丙午丁四水兜抱。穴東辰巽水朝堂。穴西戌辛水朝堂。穴朝大盤陀兜抱完密。其龍自巽至卯轉至壬歸穴。地高土厚圓渾環繞。金形而兼土形。前高後低坐空朝滿。此係上元骨格而兼中元。上元為主中元為輔。悠久不替之地也。

後坐三陽水。前來一白龍。巽流併屈曲。兌漲更游溶。天運時無

替。人。元。氣。正。鍾。双親深窆此。可卜
誥重封。

擇乾隆四十一年丙申二月辛卯二十一日癸亥壬子時登穴。
取太陽到戌宮奎木初度。太陰到寅宮心月二度。拱。山。輔。向。申宮又有木星用神。辰宮又有炁星用神。拱。向。輔。山。真全美之格。
命安未宮。太陰為主。

皇清恤贈光祿寺少卿璞函弟墓

○○○

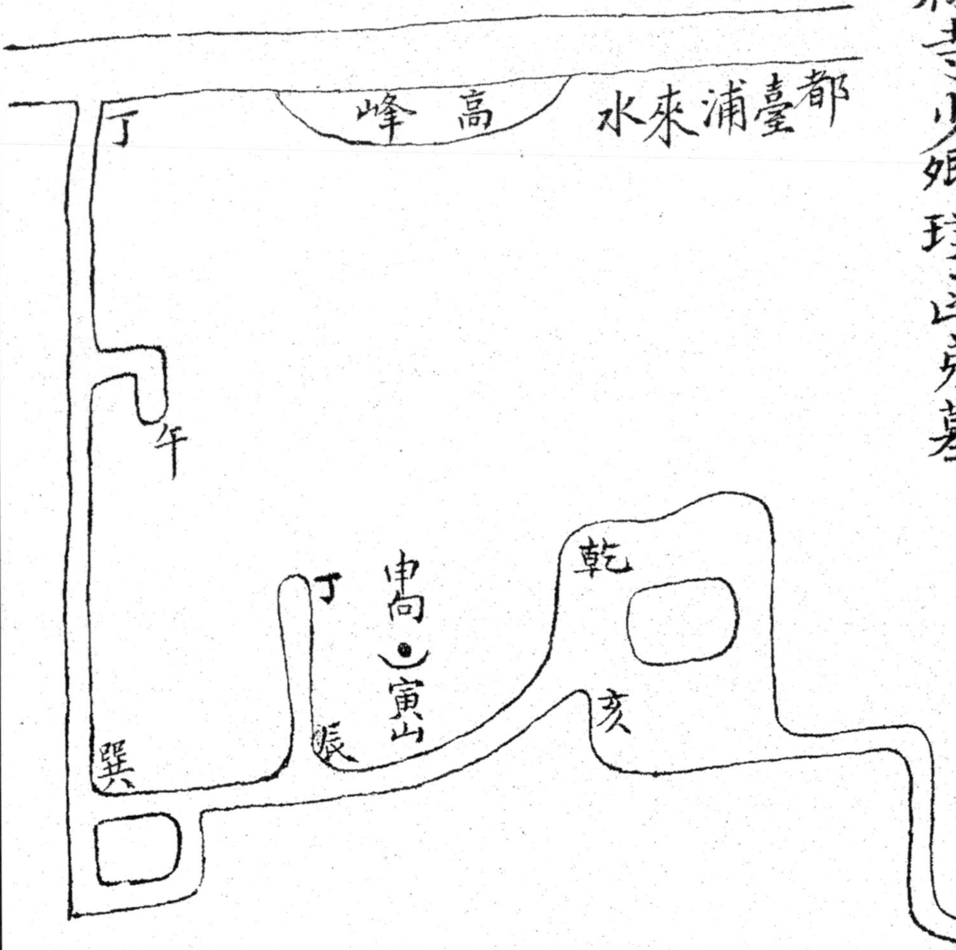

此予弟璞函之墓也正針立寅山申向取都臺浦自辛庚至丁午方而南其枝河自丁入口至巽轉北兜抱至乾乾方有大印池映照又於辰方開至丁方此係中元骨格而兼上元中元為正上元為輔之地也

巽漲灣環曲抱乾中間立穴坐寅泉坤峰遠照如屏列午笏常朝似帶連天運源流無替日人元脉近正逢年蒙恩

賜葬牛眠地華表高擎望鶴還

擇乾隆四十年乙未閏十月戊子十五日己未癸酉時登穴格

取日月守照命身二主。火用水恩夾山。夾命。一切忌難無關。百事上吉。

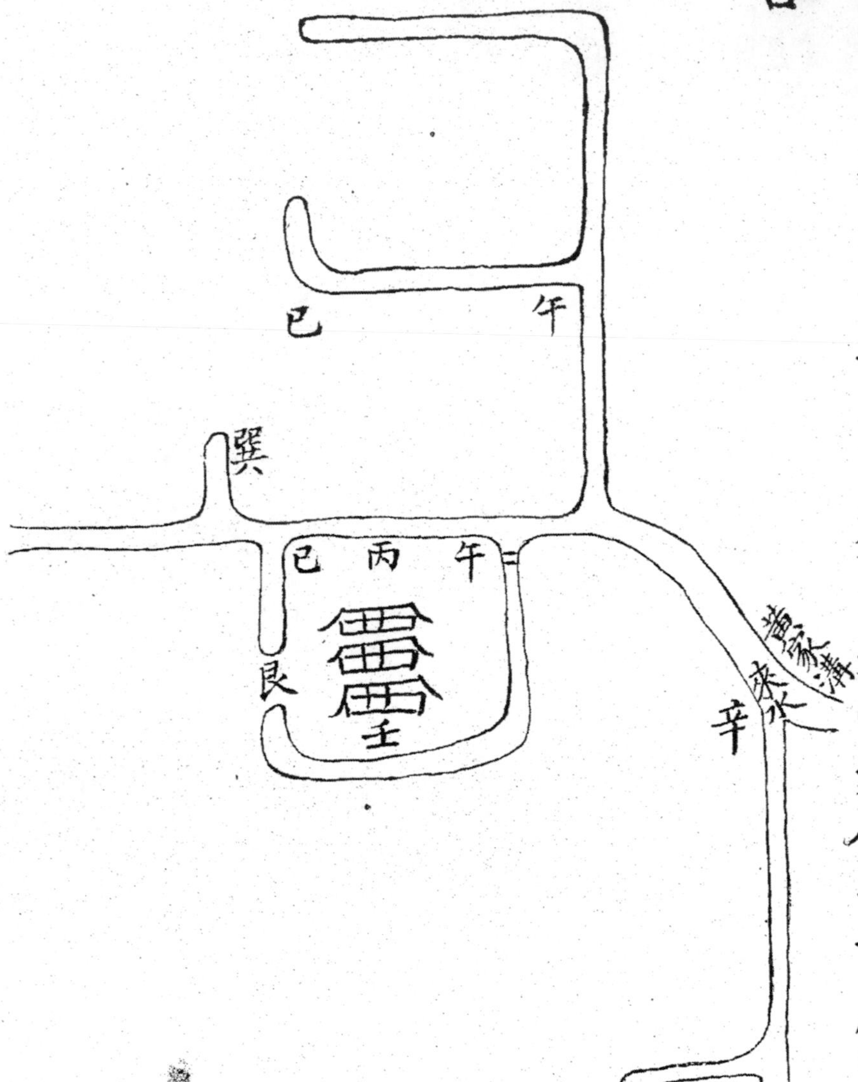

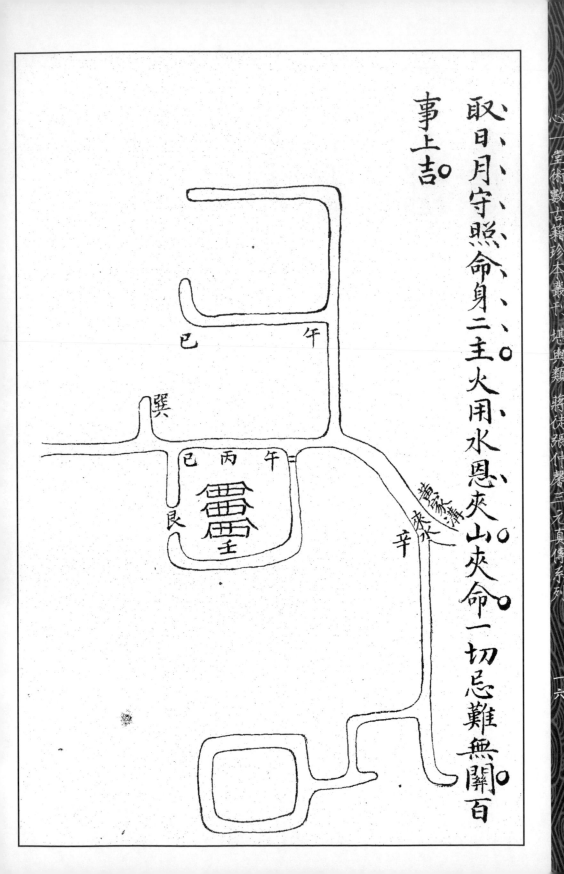

此璞函弟新宅。現在艮為生龍。丙為旺向。辛為墓水。本係三合之法。我意必須將艮方開斷。未坤申方填滿。始合三元之法。不然艮龍在中元。終未見其可也。

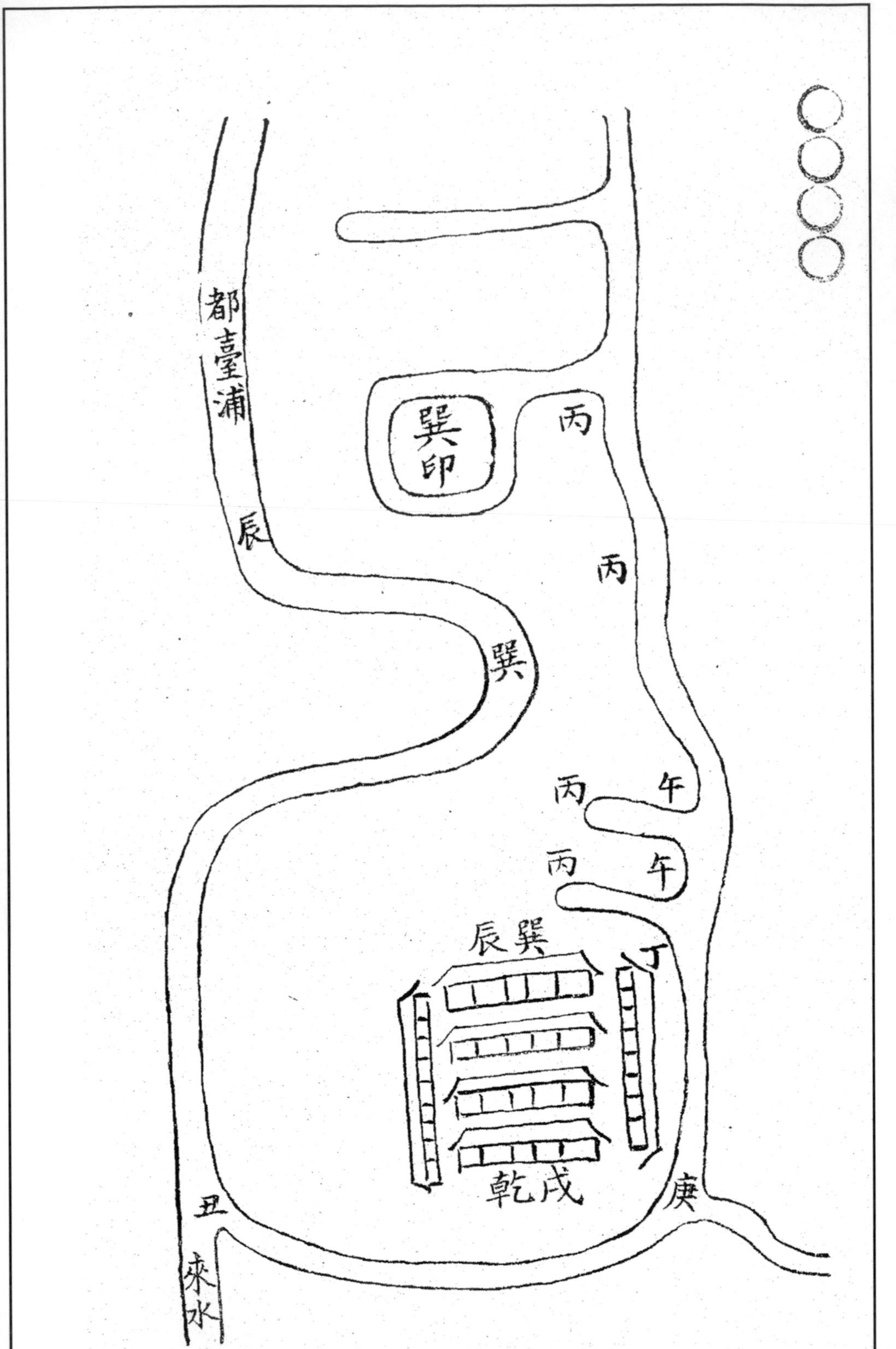
都臺浦
巽
印
丙
丙
辰
巽
丙
午
丙
午
辰巽
丁
乾戌
庚
丑
來水

此敬安弟之新宅。正針立乾宅巽向。兼辰戌三分。取都臺浦辰、巽水曲折朝堂。午水夾抱歸束脉。繫局寬兜收貫注。巽印又遠拱門前。丙、筍又連抱宅右。此。係。中。元。骨。格。而。上。元。輔。理。合。局。況有老山扶助。宜造成遷住。纔五六年。家業驟增廿倍也。

造後堂擇乾隆四十二年、丁酉、九月、庚戌、十六日、戊寅、丁巳時。立柱上樑。取太陽到辰宮角木一度。太陰到戌宮壁水一度。為坐。宅。照。向。坐。向。照。宅。最為得力。辰宮又有水星恩主護持。尤見有助。

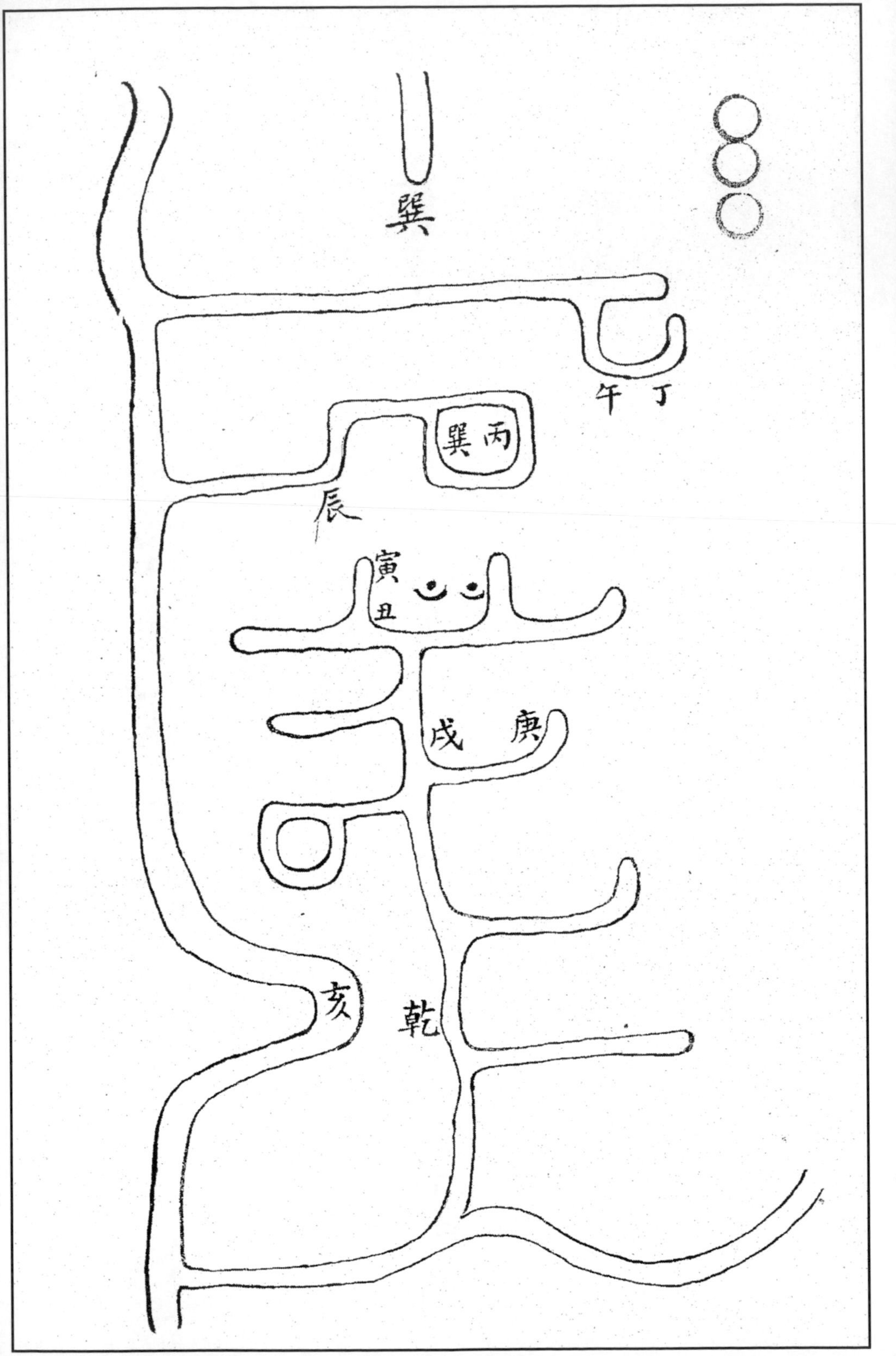
巽
午
丁
巽
丙
辰
寅
丑
戌
庚
亥
乾

此徐樞部玉崖尊人古愚之墓取穴前丙巳巽辰水朝堂乾水坐後庚酉水後托貼身之水宛如出水蓮花亭亭可愛穴前又有巽水大河頭懸掛此係中元正格在中元中自然得令也詩云巽水遙掛巽印懸乾水後坐乾印連丙流重疊如羽翩良漲灣環疑笏聯狀如出水初日蓮天然灼若餘鮮妍上中得此如瓜綿隨時可以相周旋為君擇造真福田繪圖卜吉萬斯年擇乾隆三十八年癸巳正月甲寅十二日壬寅辛亥時登穴取太陽到辰太陰到申為拱向輔山最為得力

○○○

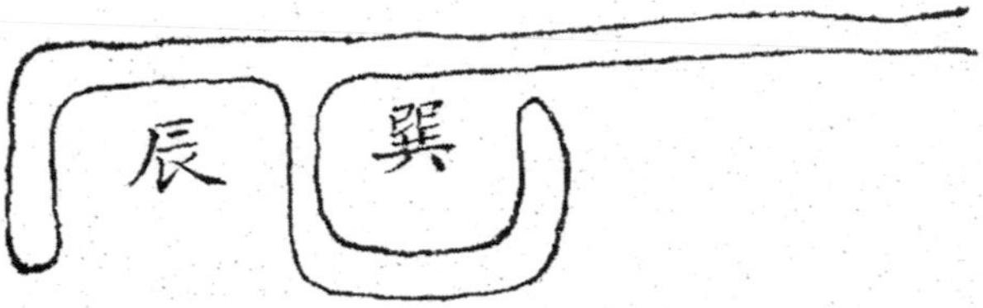
辰
巽

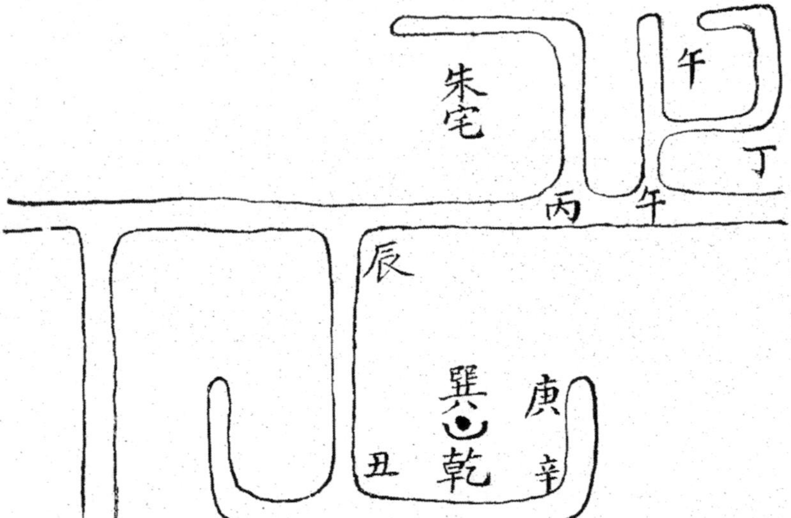
朱宅
午
丁
丙
午
辰
巽
庚
丑
乾
辛

此天錦二叔之墓。立乾山巽向。取穴前巽水朝堂。丙午丁水遠照。其近身支河。自辰至丑。轉至辛至庚。兼辰戌三分。取坤申龍入局。此。係。中。元。骨格。而。上。元。為。輔。地局雖小。然悠秀玲瓏。亦不易得之地也。

擇乾隆三十八年癸巳三月丙辰十七日丙午辛卯時登穴。取太陽到戌為。坐。山。照。向。太陰到辰為。坐。向。照。山自可壓制一切。

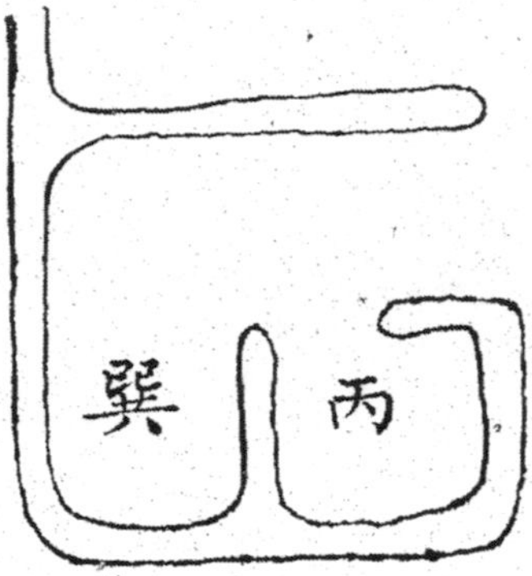
巽
丙

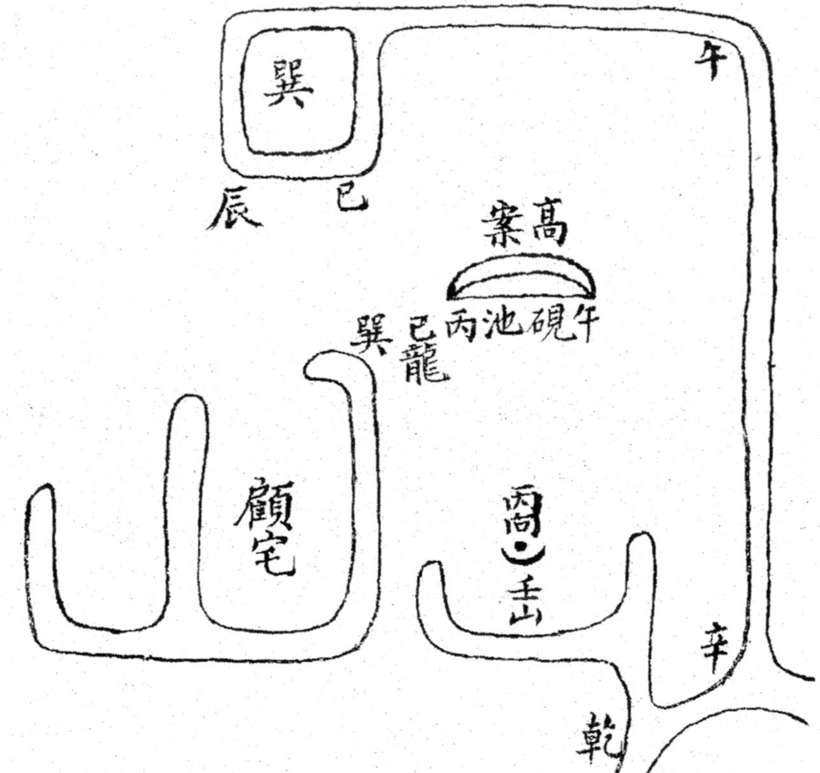
巽
午
辰
巳
高案
午硯池丙
巳龍
巽
顧宅
圖
壬山
辛
乾

此乾生叔祖之墓正針立壬山丙向取楊家溝入口支河自乾向南至庚又從戌方向東至丑轉向南到寅又取顧宅河巽水又於楊家溝辛水一直至丁午轉東到巳巽辰方卯又穴前開硯池築高臺案又南方有丙巳巽卯池遙映此係上元骨格而兼中元有星有垣環抱玲瓏幽秀屈曲洵佳壤也

擇乾隆四十一年丙申十二月辛丑初五日壬寅辛亥時登穴取太陽到丑宮斗木十五度太陰到亥宮危月三度為夾山況月照命宮身主日照羅星用神互相夾山甚見得力又有水星恩主坐守子宮護持山運尤覺有助

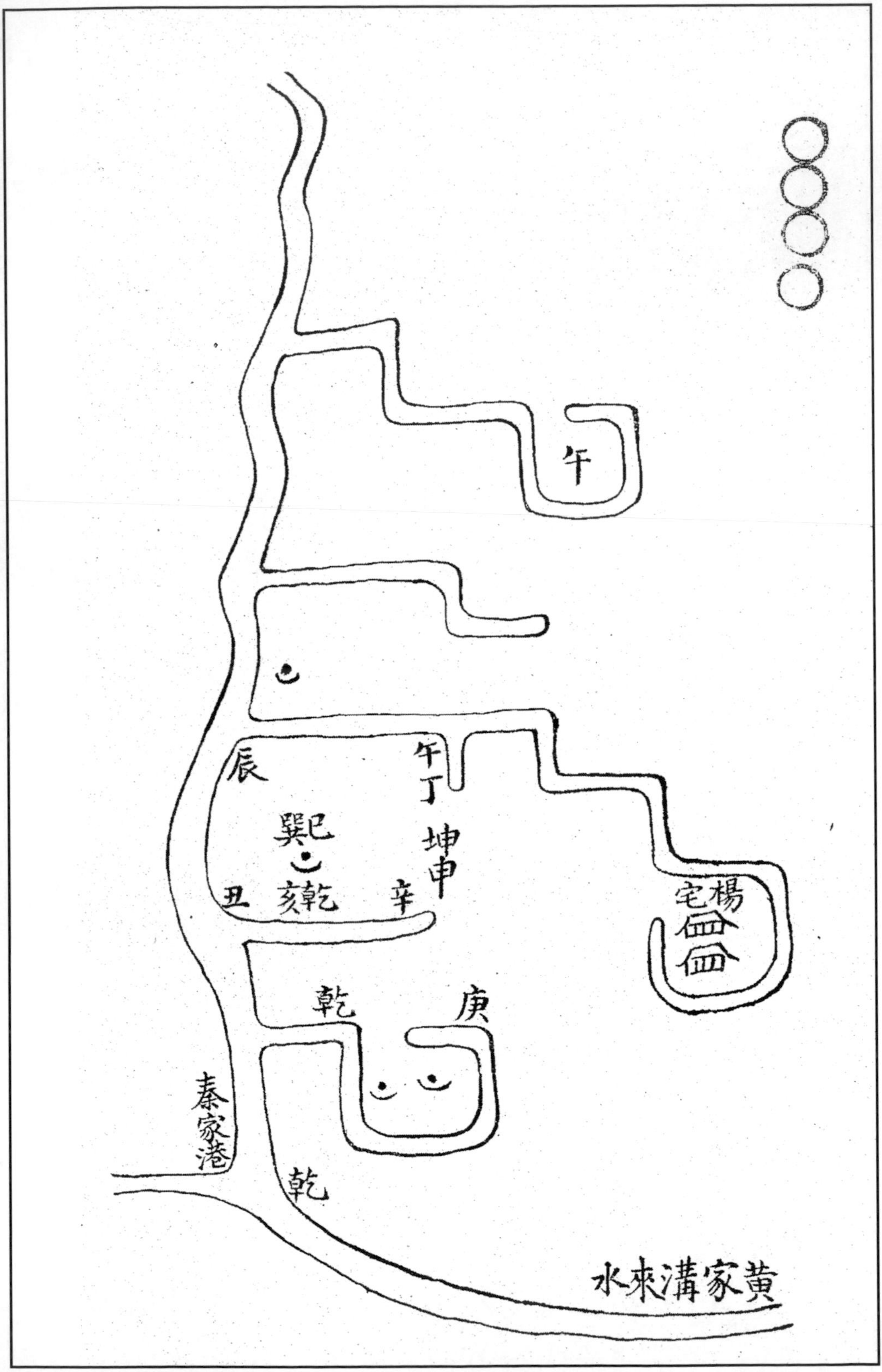
午
午
丁
辰
巽巳
坤申
丑
亥乾
辛
楊宅
乾
庚
秦家港
乾
黃家溝來水

此玉行叔之墓。立乾山巽向。兼巳亥三分。取秦家港巽水。身長三里。曲折朝堂。從東兜抱至乾。灣至辛酉方而去。墓前支河從辰方向西至丙午丁方而去。墓後支河。從丑方入口。至乾戌辛酉方有印池兜收。又于墓後從艮曲抱至庚而止。收準坤申龍入局。此係中元骨格而兼上元。地局整齊。前朝後抱。星垣皆吉。不替之地也。

丑方又作亥方

詩云、
巽水九曲山前朝。乾水三折山後騎。丑方小口向西入。兩重庚印何纍纍。辰方支水復通西。丙午曲抱如帶圍。天人二六允稱吉。此是君家福祿宜。

擇乾隆四十一年丙申十月己亥十七日乙卯丙子時登穴。取太陽到寅宮房四度。太陰到申宮畢初度。為關山關向。又有火星用神在巳宮照山守向。併有木星命主在未宮。水星恩主在卯宮為拱山輔向。真全美之格。

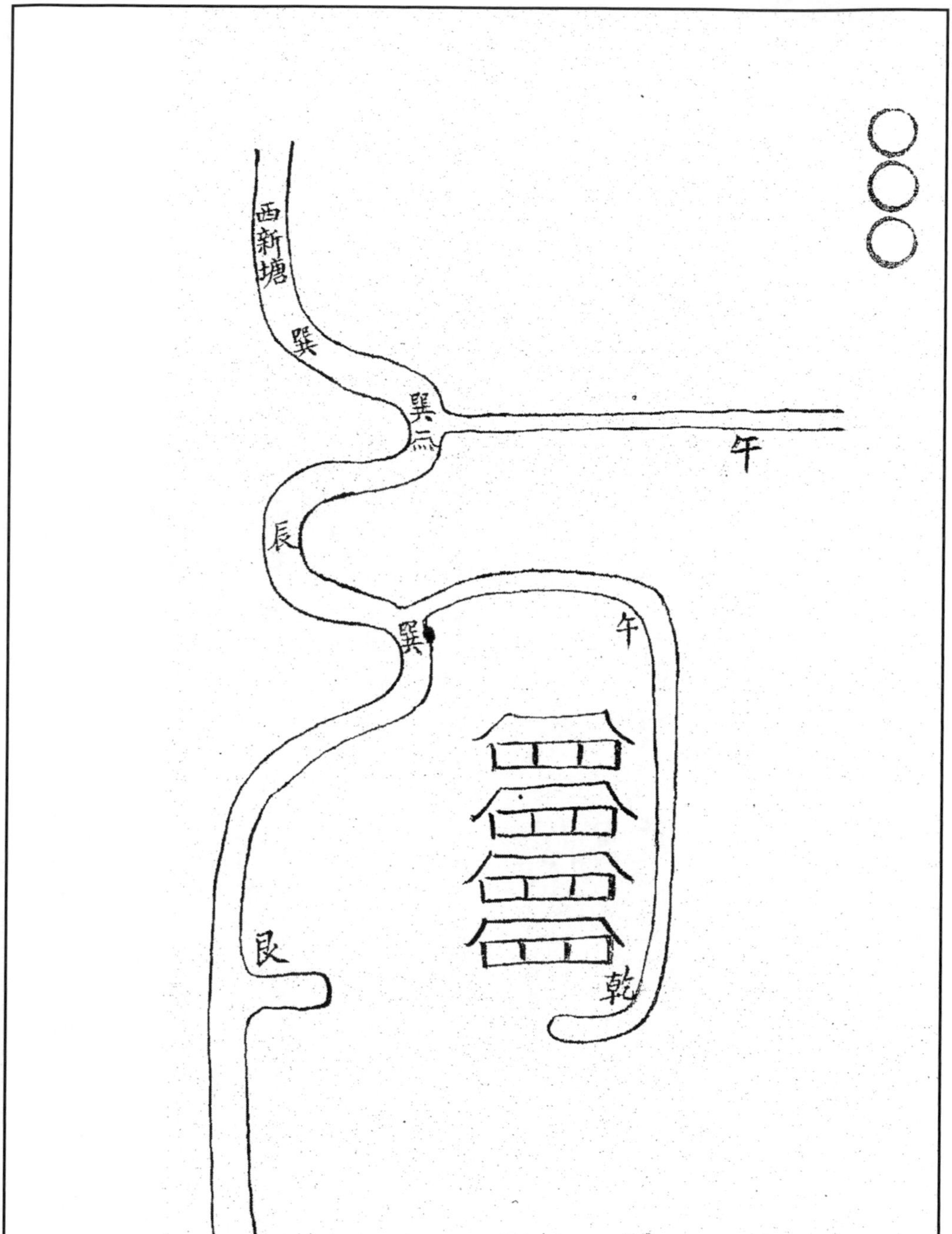
西新塘
巽
巽
午
辰
巽
午
艮
乾

此艮臣姪之宅。亥宅巳向。取酉新塘巽水三曲朝堂。兜至艮。轉至乾。至兑。而去宅前又於巽方小河入口。至午。轉至酉。至亥。而止。再前亦於巽方出口。一直向西。潮從此河向東而進。此係中元正格。而兼上元。完密永固之地也。

擇乾隆四十一年丙申十一月庚子十二日庚辰辛巳時立柱上樑。取太陽到丑宮箕水二度。太陰到酉宮胃土二度。為輔宅。拱。向羅星用神。又在丑宮助日之光。尤為得力。

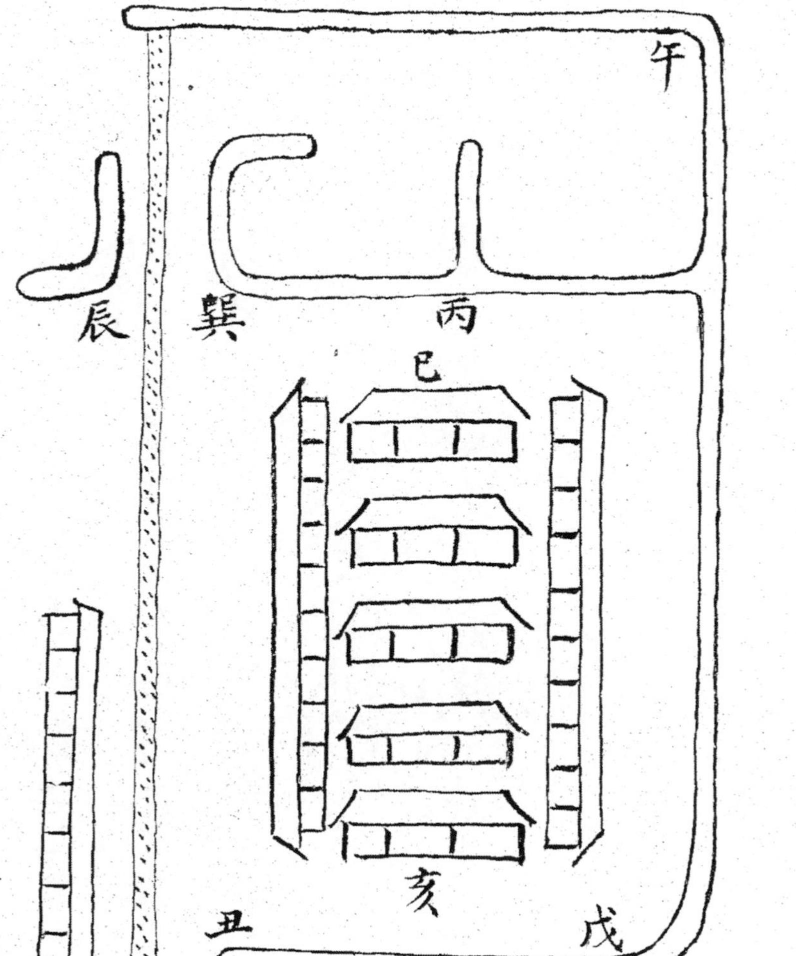
午
辰
巽
丙
巳
亥
丑
戌

此楊人照之新宅在唐橋南首立亥宅巳向取庚辛方來水向艮寅方去其支河從乾方入口直至午轉至丑至寅酉傍巳亥向水東傍巳亥向階的真中元骨格地方局正洵佳宅也

擇乾隆四十一年丙申正月庚寅十七日己丑乙卯時立柱上樑取太陽到亥宮危月十六度太陰到巳宮張月八度為坐宅照向坐向照宅又取卯時以火羅為用命安亥宮太陽又坐命宮尤為通利

8

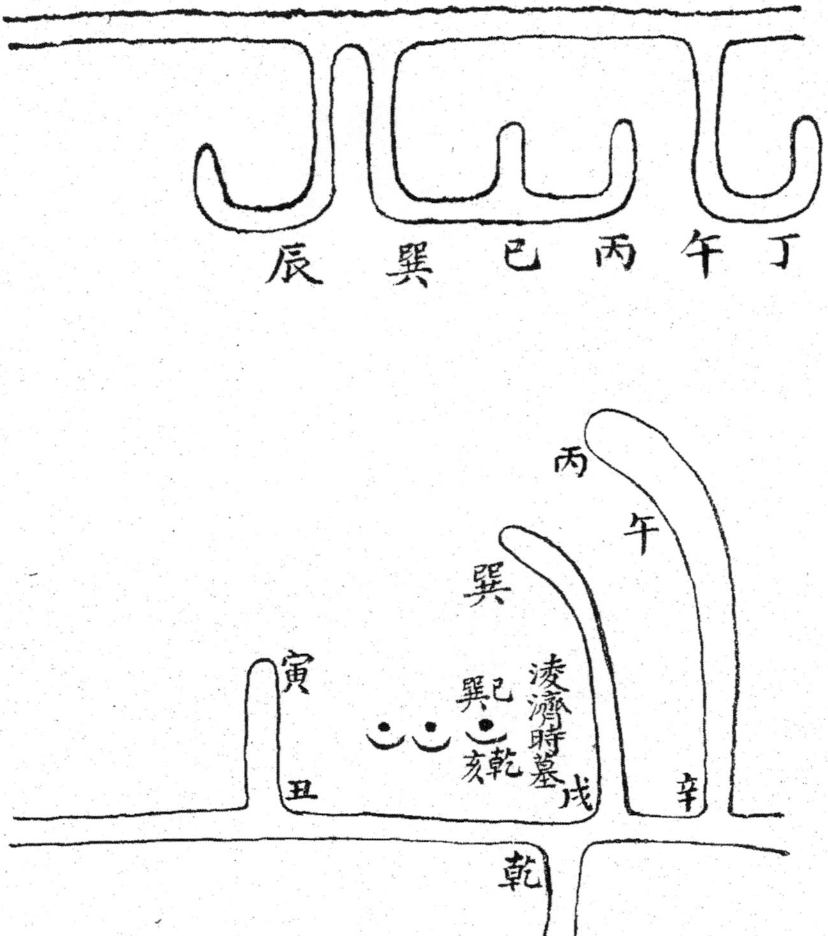

此濟時淩姊丈之墓也。正針立乾山巽向。兼巳亥三分。取兩重巽巳丙午河頭兜抱。後坐乾戌辛水穴前又有辰巽巳丙午丁印池遠照。屋宇林木深秀可愛。此係中元骨格而兼旺上元之地也。

擇乾隆三十九年甲午正月丙寅初五日己未甲戌時登穴。取太陽到子宮虛五度。太陰到戌宮壁五度。為夾山命安亥宮。亦得日月為夾。併有火羅二用神在命宮。木星炁星二命主在向上。皆見得力。

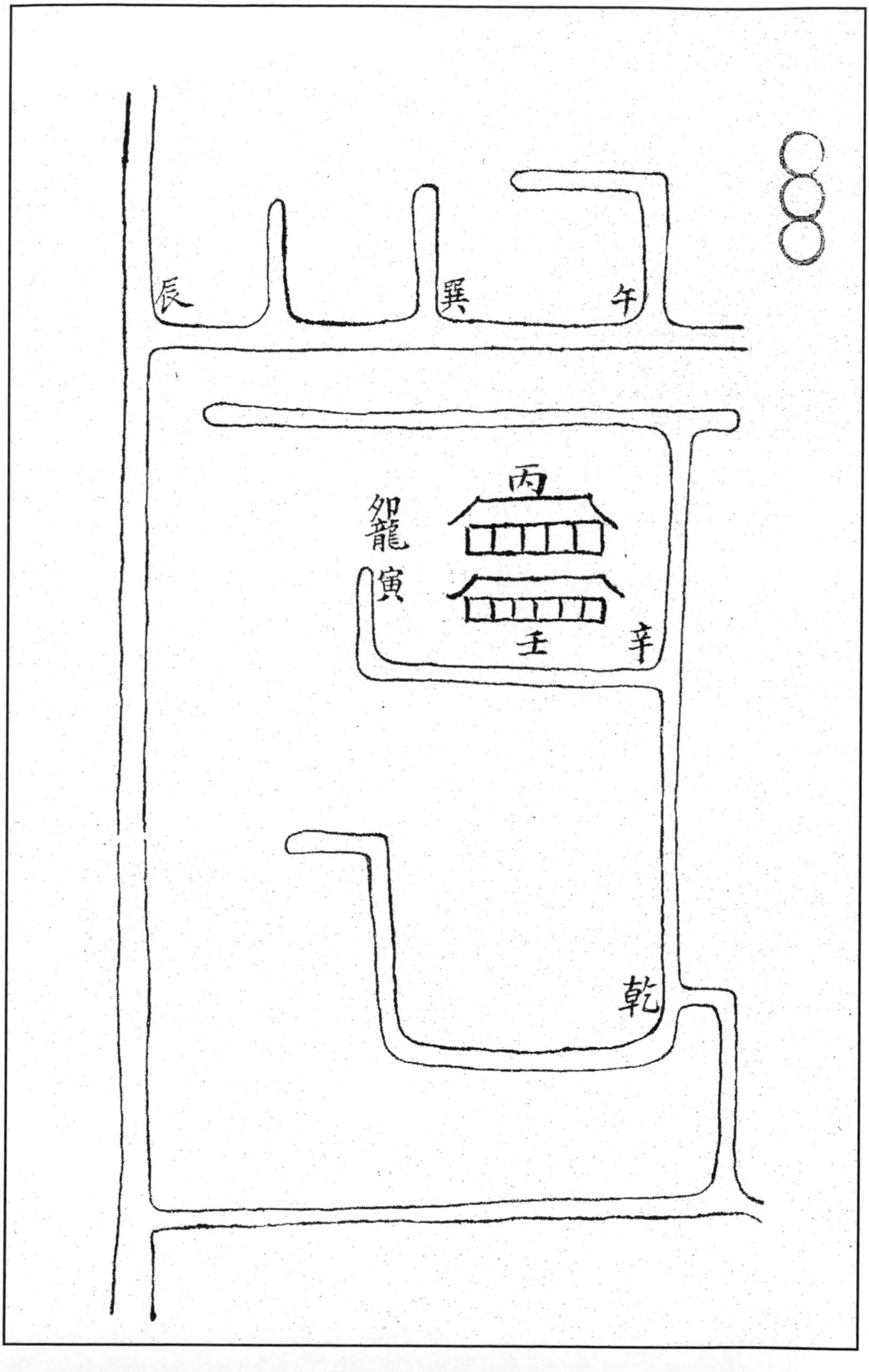
辰
巽
午
丙
夘龍
寅
壬
辛
乾

此徐聚東之新宅。立壬宅丙向。取面前兩重夾丙水。西南午水。似卯朝堂。東南巽水辰水。似笏朝堂。東北乾水進口。一直至丁轉東至辰兜抱。又從辛方至丑。勾至寅。收準卯龍入局。此係上元。而兼中元之地也。

擇乾隆四十一年丙申九月戊戌十七日乙酉庚辰時立柱上樑。取太陽到卯宮亢三度。太陰到酉宮婁十二度。為關宅關向。況日宮以金水為恩。又為命宮之恩。相聚日宮。尤見有助。子為宅宮。羅為用神。入守益見得力。命安寅宮。命主木。用神火。夾午宮之向。亦為入妙。

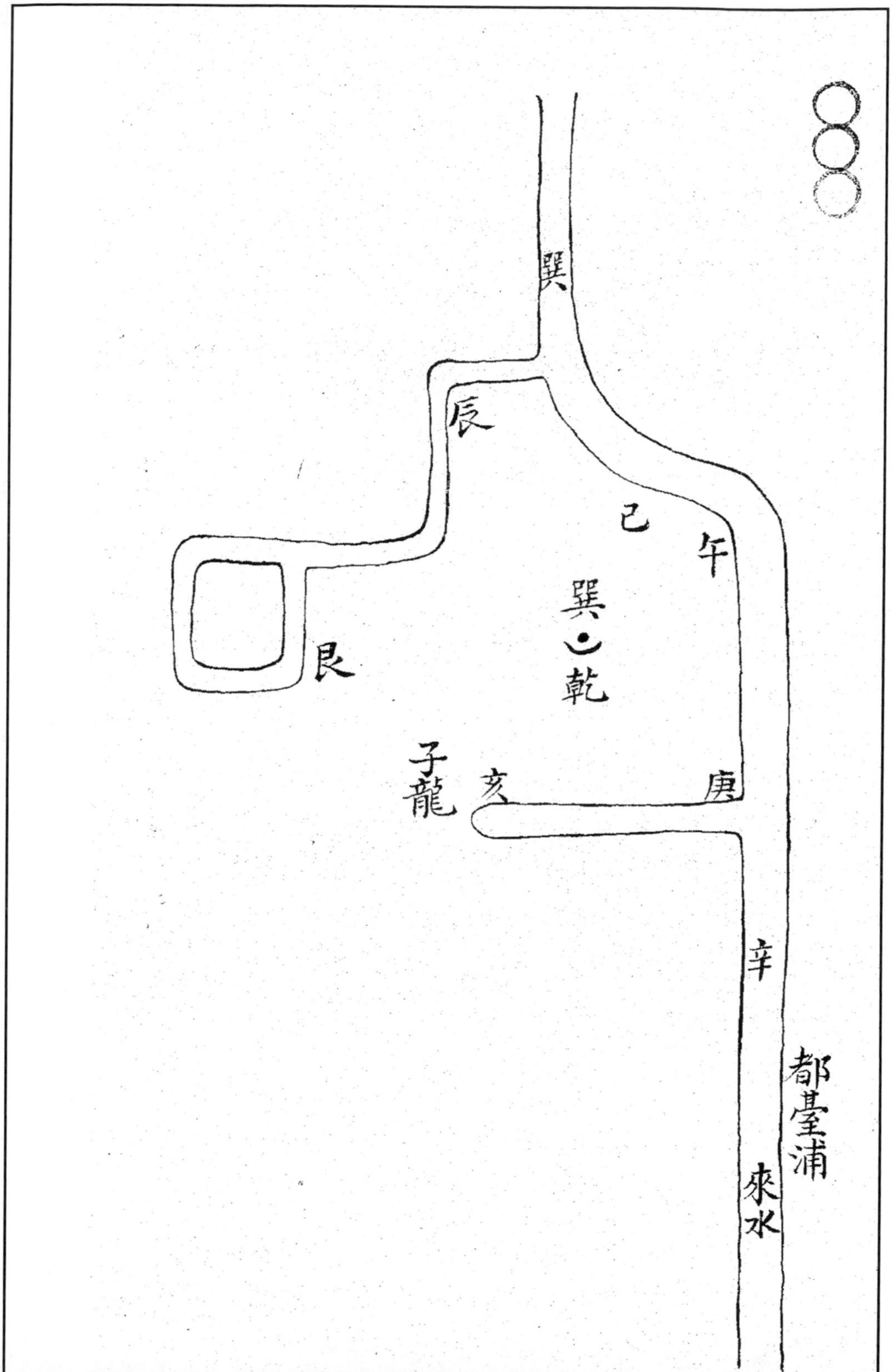
巽
辰
巳
午
巽
乾
艮
子龍
亥
庚
辛
都臺浦
來水

此朱名世之墓。立乾山巽向。兼巳亥三分。取都、臺、浦、巽水、朝、堂。轉西至丙午丁方抱至庚辛方而去。穴後小河又從庚方進口。向東至亥而止。穴前枝河更從巽方向東曲折至辰至寅至艮而止。收子龍入局。此係中元骨格。而兼上元地形。厚實局勢寬宏。非易得之地也。

擇乾隆三十九年甲午十二月丁丑十一日庚寅甲辰時登穴。取太陽到丑宮斗十四度。太陰到酉宮胃十一度。為輔山拱向。命安午宮柳十三度。日為主。火羅為用。合格。

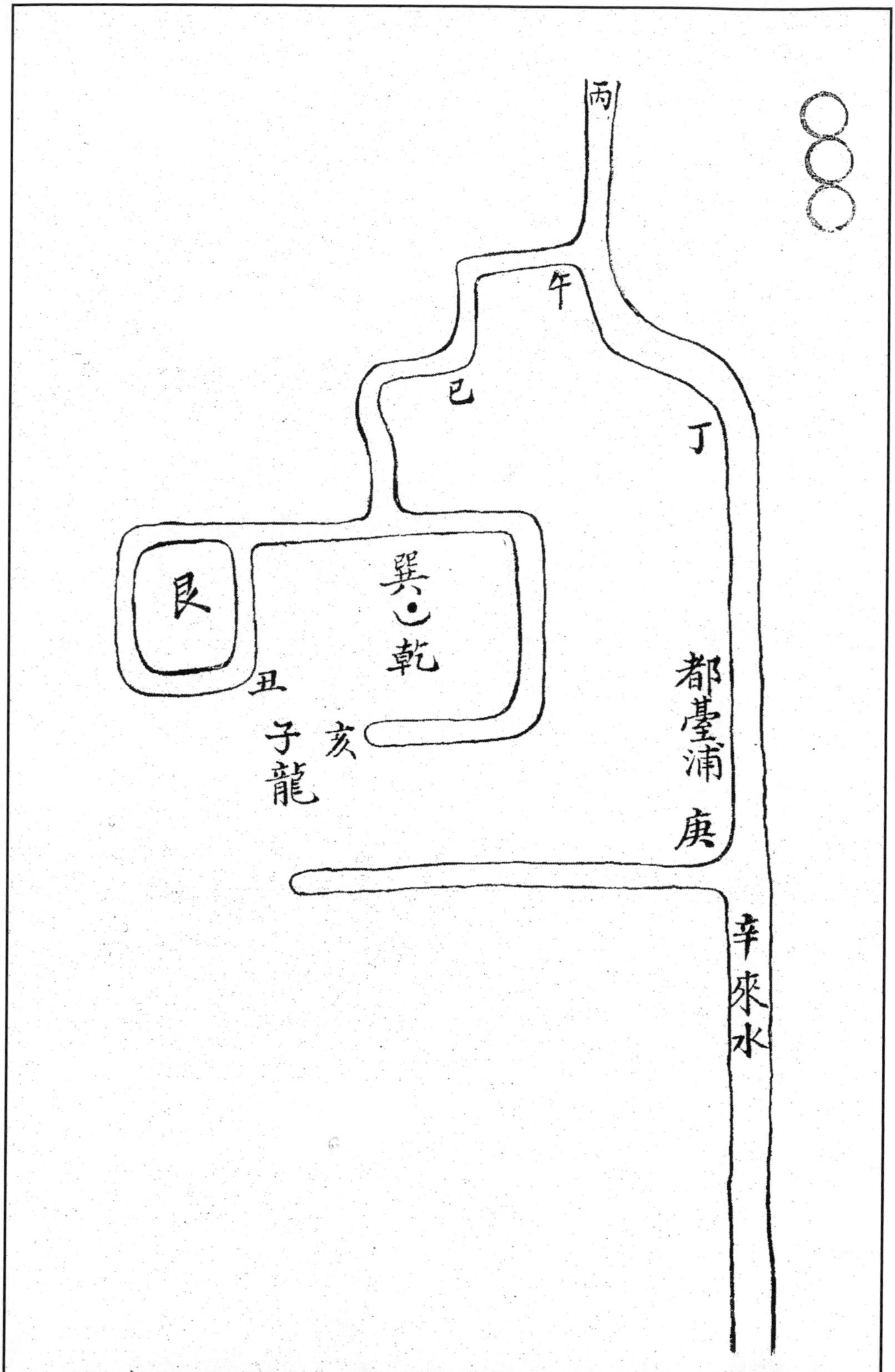
丙
午
巳
丁
艮
巽
乾
丑
子
龍
亥
都臺浦
庚
辛來水

此朱廣川之墓。立乾山巽向。兼巳亥三分。取都臺浦枝河從午方入口。向東至巽。曲折朝堂。分作兩枝。東至卯。向北至艮即而止。西至丁。勾至庚。灣至亥。抱穴收子龍入局。穴後又有枝水從庚向東至亥而止。此係中元。而兼上元。屈曲灣環玲瓏秀美。真佳壤也。

擇乾隆三十九年甲午十二月丁丑十一日庚寅甲辰時登穴。取太陽到丑宮斗木度。太陰到酉宮胃土度。為輔山拱向最為得令。

○○○

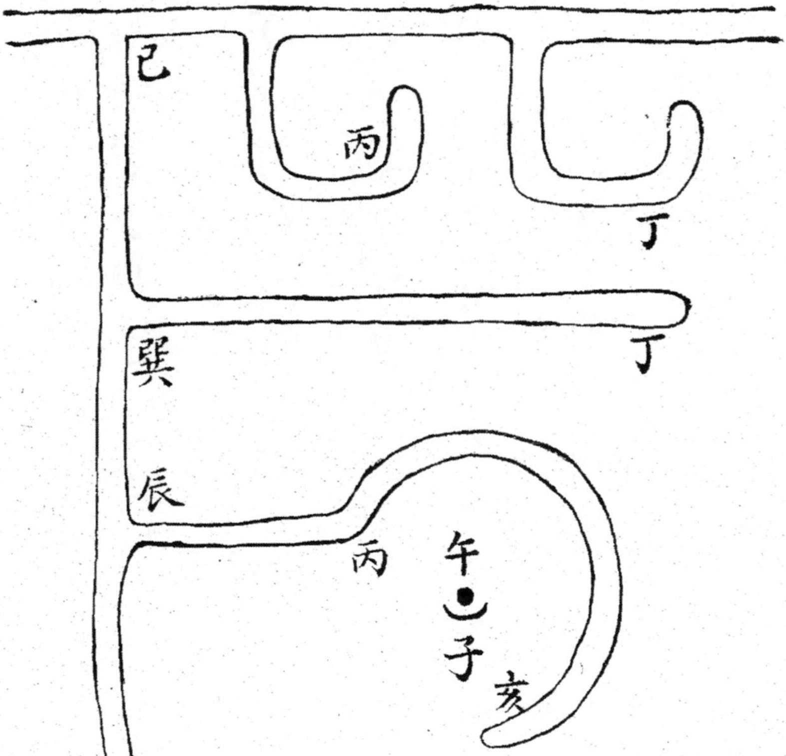
己
丙
丁
丁
巽
辰
丙
午
子
亥
艮

此郭觀蘭之墓也。立癸山丁向。兼子午三分。取水從巳方進口。到巽到辰到艮丑方而止。之辰方分枝向西至丙。穴前兜抱至丁。灣至戌乾亥方而止。如珠之圓。穴前又有巽方分枝向西至丁丙止。再前又有丙丁兩卯。如鈎懸掛。收子龍入局。此係上元而兼旺中元之地。真慈久不替者也。

擇乾隆四十一年丙申正月庚寅二十六日戊戌庚申時登穴。取太陽到酉宮室火四度。太陰到丑宮斗木三度。為日月夾山。命安丑宮。土為主。洵上格也。

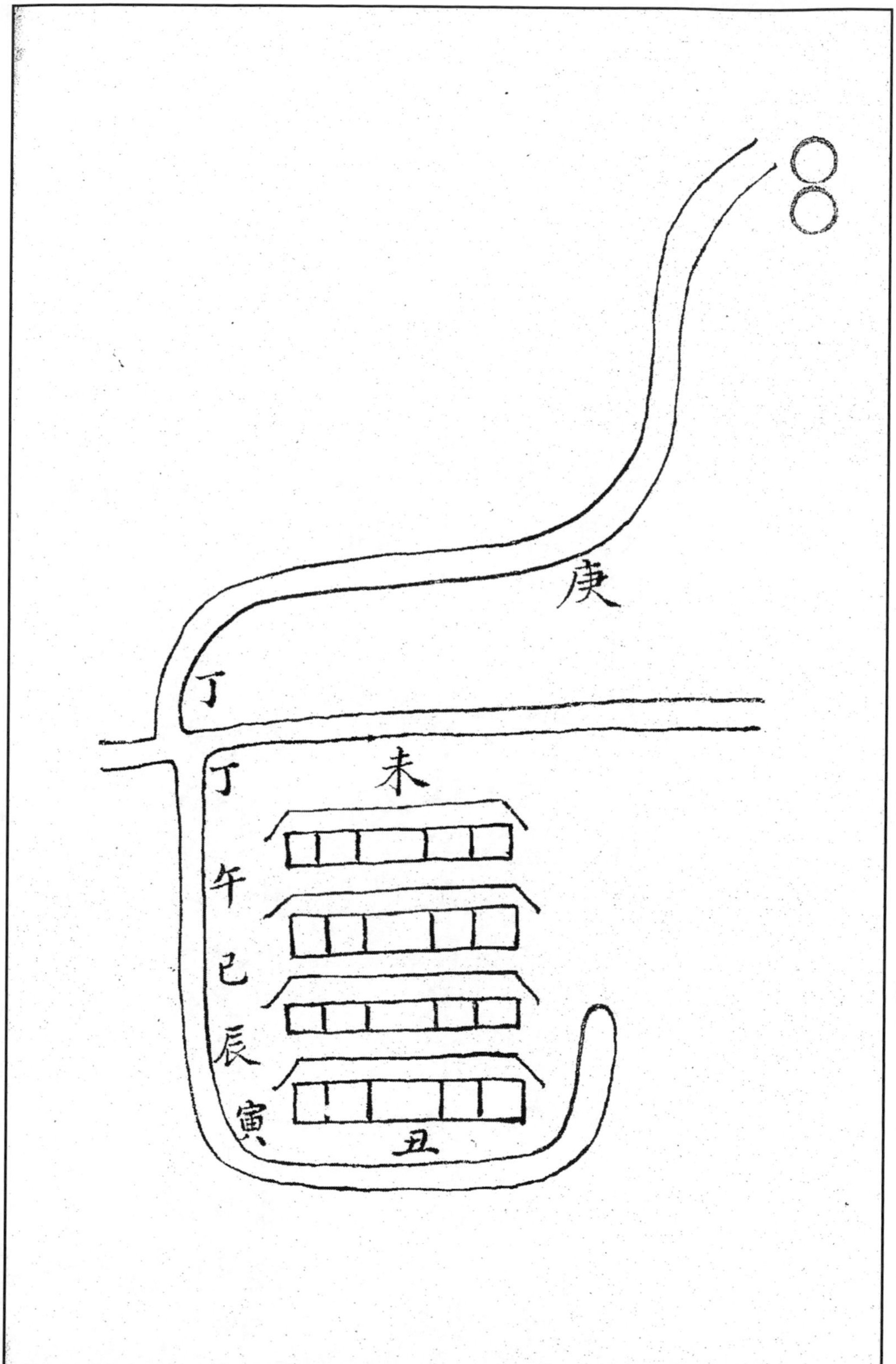
庚
丁
丁
未
午
己
辰
寅
丑

此宅東半宅係郭佩吉之業。立丑宅未向。取後坐丑〻水。東傍巽〻辰〻。水水從丁午〻方進口。到寅〻兜抱至乾〻。收未〻坤〻申〻龍入局。門前黃家溝外又有庚酉〻水遠朝。開乾〻戌門出入。此。係。上。元。骨。格。而。中。元。佐。之。亦平穩安適之地也。

擇乾隆三十九年甲午十二月丁丑十五日甲午庚辰時立柱上樑。取太陽〻到丑〻宮斗木十八度。太陰〻到未〻宮井木二十二度。為。坐。宅。照。向。坐。向。照。宅。命安子宮。土為主。洵美格也。

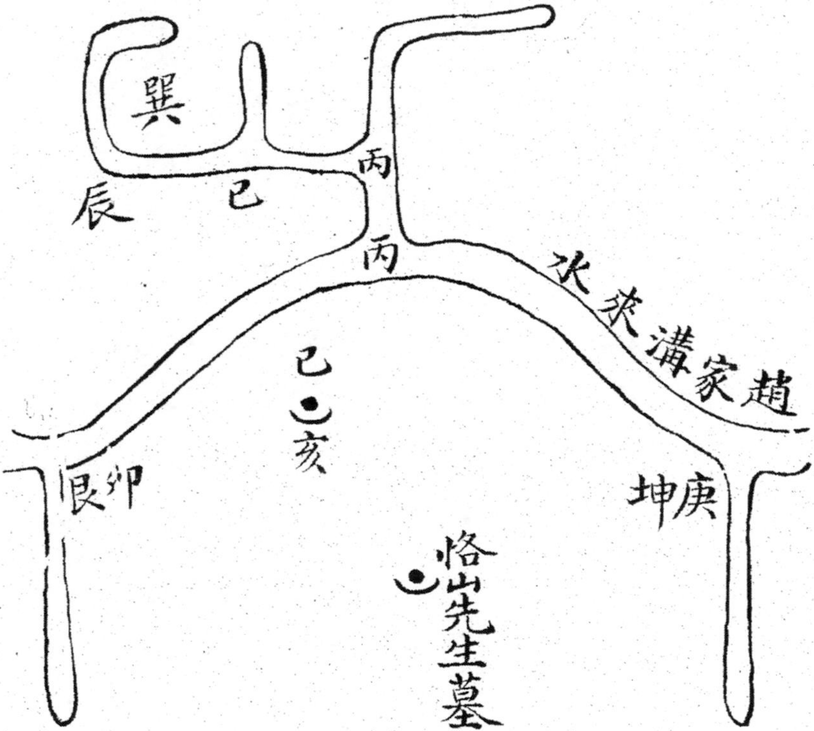
巽
丙
辰
巳
丙
趙家溝來水
巳
亥
艮卯
坤庚
恪山先生墓

此我友張醒癡之墓也醒癡尊人恪山先生葬已多年及醒癡自明三元之道知趙家溝西在山之坤艮灣在山之夕陷在中上兩元斷無興旺之日屢欲遷葬而貧窘莫措年至五十有八尚無子嗣忽然病作惟有涕泣而已追病甚纔生一子而醒癡遽歿凡伊親族俱擬祔葬恪山之穆而我得醒癡之學子不忍輕葬故反覆往觀忽然想出另葬之法與衆人爭論數十日始得葬於東南角上立亥山巳向西灣在庚東灣在艮穴前巽丙水朝堂的真上元骨格而兼中元與穆穴絕然相反庶幾伊子可保而將來有望也

擇乾隆三十九年甲午十二月丁丑十一日庚寅甲辰時登穴取太陽到丑宮斗十四度太陰到酉宮胃十一度為輔山拱向　後不準此日又擇四十年乙未正月戊寅初六日甲寅甲戌時登穴取太陽到子宮女七度太陰到戌宮壁七度為夾山命安亥宮木為主後又不準戌時殊為可恨

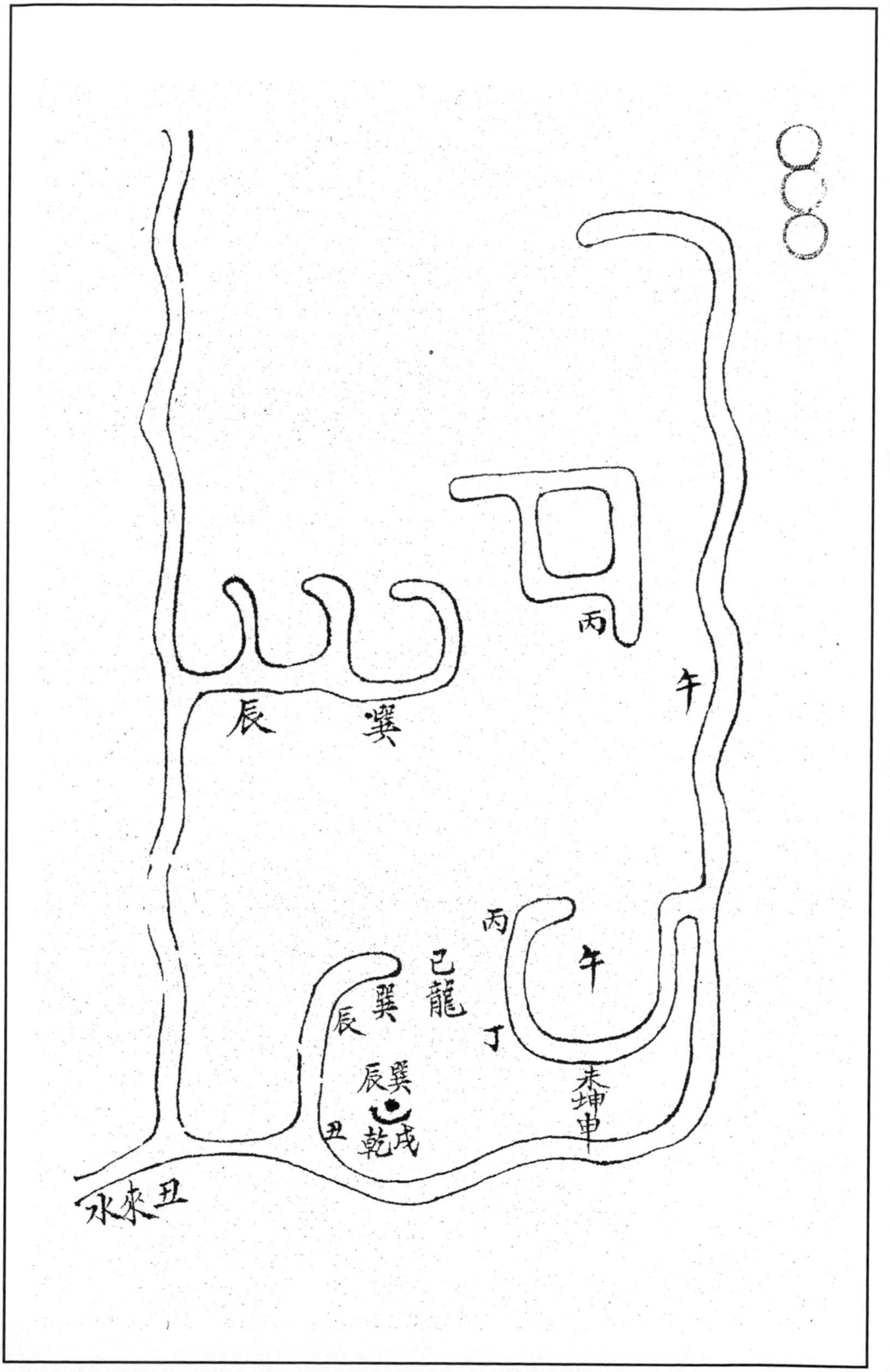
丙
午
辰
巽
丙
午
已
龍
巽
辰
丁
辰巽
未
坤
申
乾戌
丑
丑來水

此沈成遠之壽域。立乾山巽向。兼辰戌三分。取東西兩河夾氣貫注。後托兜收大結。山後恰有一曲迴抱。丙午丁方有印池映照。山之東。自丑向南之辰。轉至巽而止。收準巳龍入局。此係中元骨格。而得上元定局。氣廣局寬。兜收完密之地也。

擇乾隆四十二年丁酉十一月壬子十九日辛巳癸卯時行磚。取太陽到寅宮尾火十三度。太陰到午宮柳土初度。為拱山轉輔向。又有計星命主坐于未宮。水星恩主。羅星用神。坐于丑宮。為關山關向得令之至。

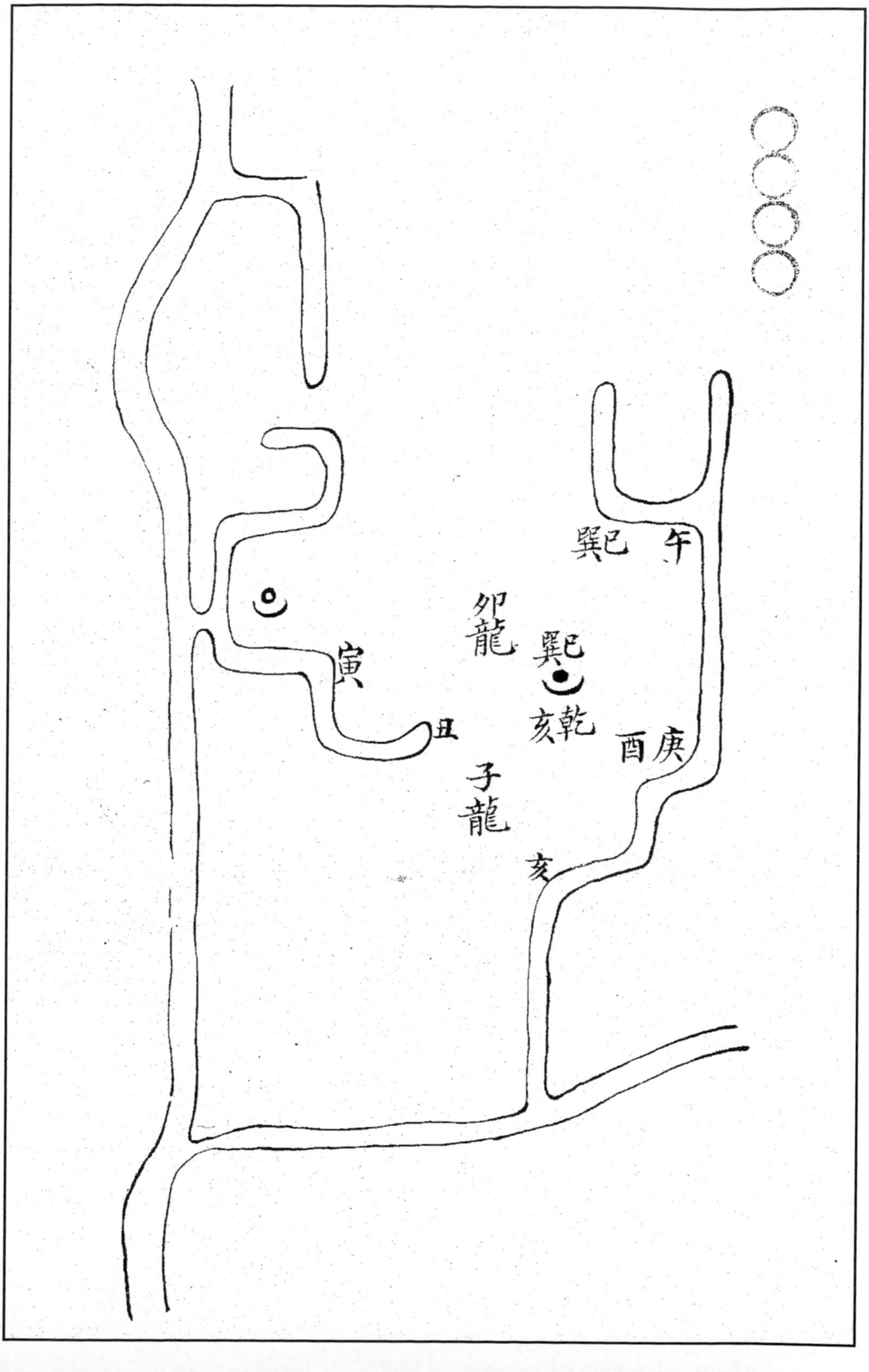
巽巳
午
卯龍
巽巳
寅
丑
亥乾
酉庚
子龍
亥

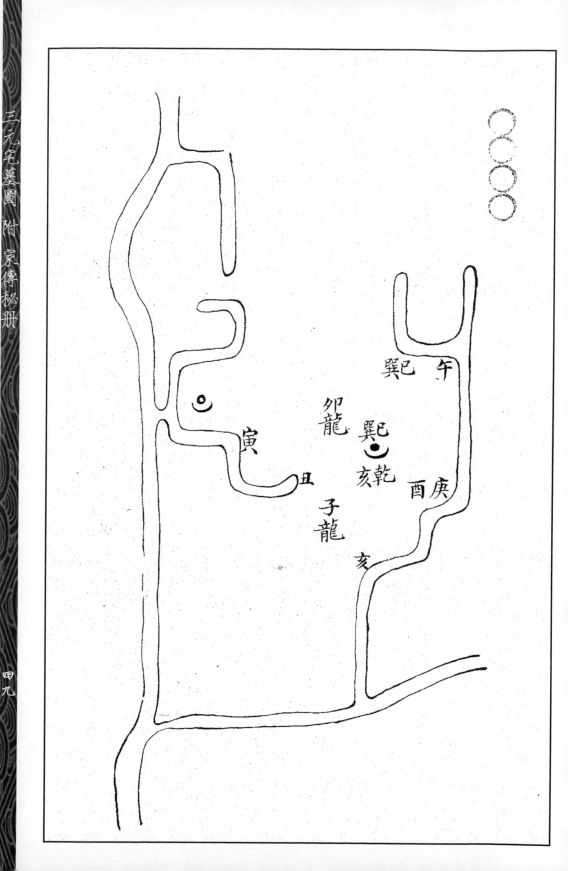

此夏友仲令堂之厝地立乾山巽向過巳亥三分取亥方進水曲至庚復兜至午又轉至巽向南五丈巽巳水朝堂與進口乾亥水相對東邊又有丑水方印突出逼真甲卯壬子二龍交氣入局雖係中元骨子而實受上元龍水四正合局地雖小三元不敢者也靈動秀美之故耳

題詩云　地局雖褊小生成盡合格人運兩頭關天元四勢益水圍曲有情龍繞蘊真脉他日得意時毋忘我所擇

擇乾隆四十二年十二月初十日亥時登穴取太陽到丑宮斗十度太陰到酉宮婁三度為輔山拱向丑宮又有羅星用神扶

助太陽。尤為得力。

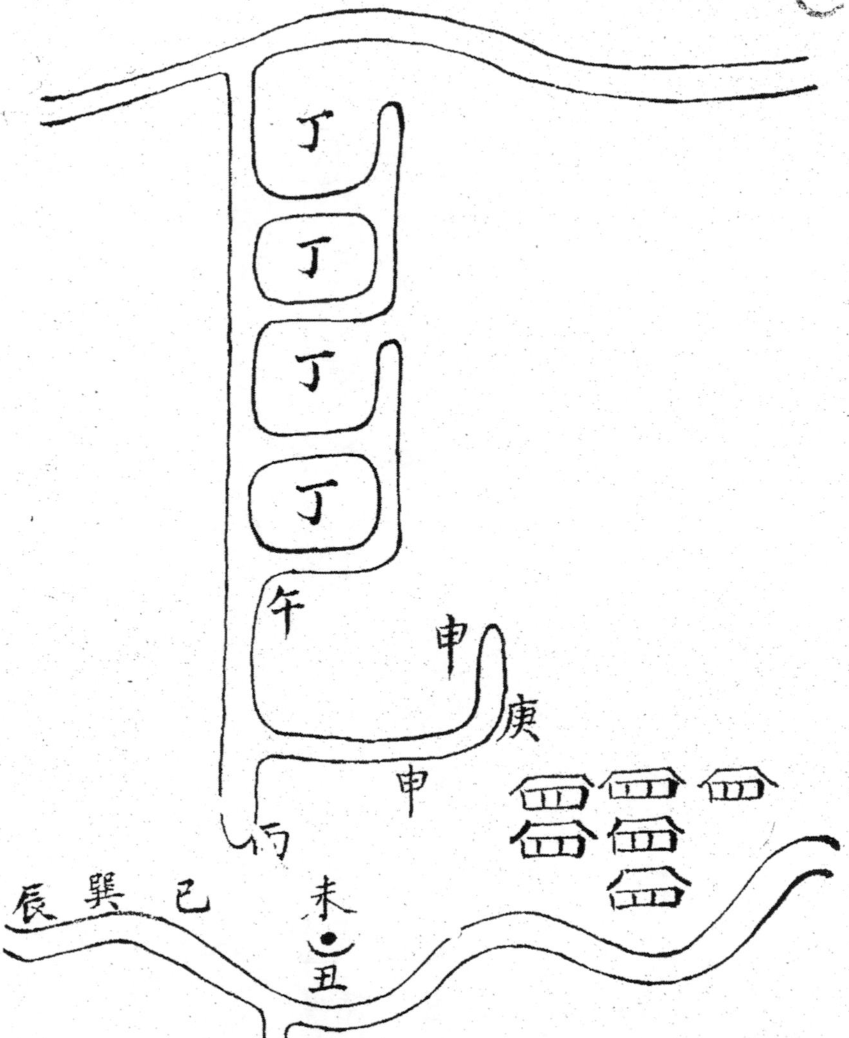

此黃學海之壽域。立丑山未向。取黃家溝來水。從乾戌轉至辛。復灣至乾。兜抱穴後。穴前另有客水從午方至丙而止。又於午方分支至丁而去。丁方丁卯重。尤不易得。穴從丑水丁卯朝堂。收坤申巽巳二龍交氣入局。此係上元骨格。而中元為輔。上元水前後對照。中元水左右兩關屈曲靈動。秀美異常。正合楊公天玉經所謂正神正位裝。撥水入零堂。又云三陽水向盡源流。富貴永無休。是也。其為悠久不替之地明矣。擇乾隆四十二年丁酉十二月癸丑十四日丙午癸巳時行磚。取太陽到丑宮斗十四度。太陰到未宮井木初度。為坐山照向。坐向照山最為得力。丑宮又有羅星用神。扶助太陽。尤為得令。

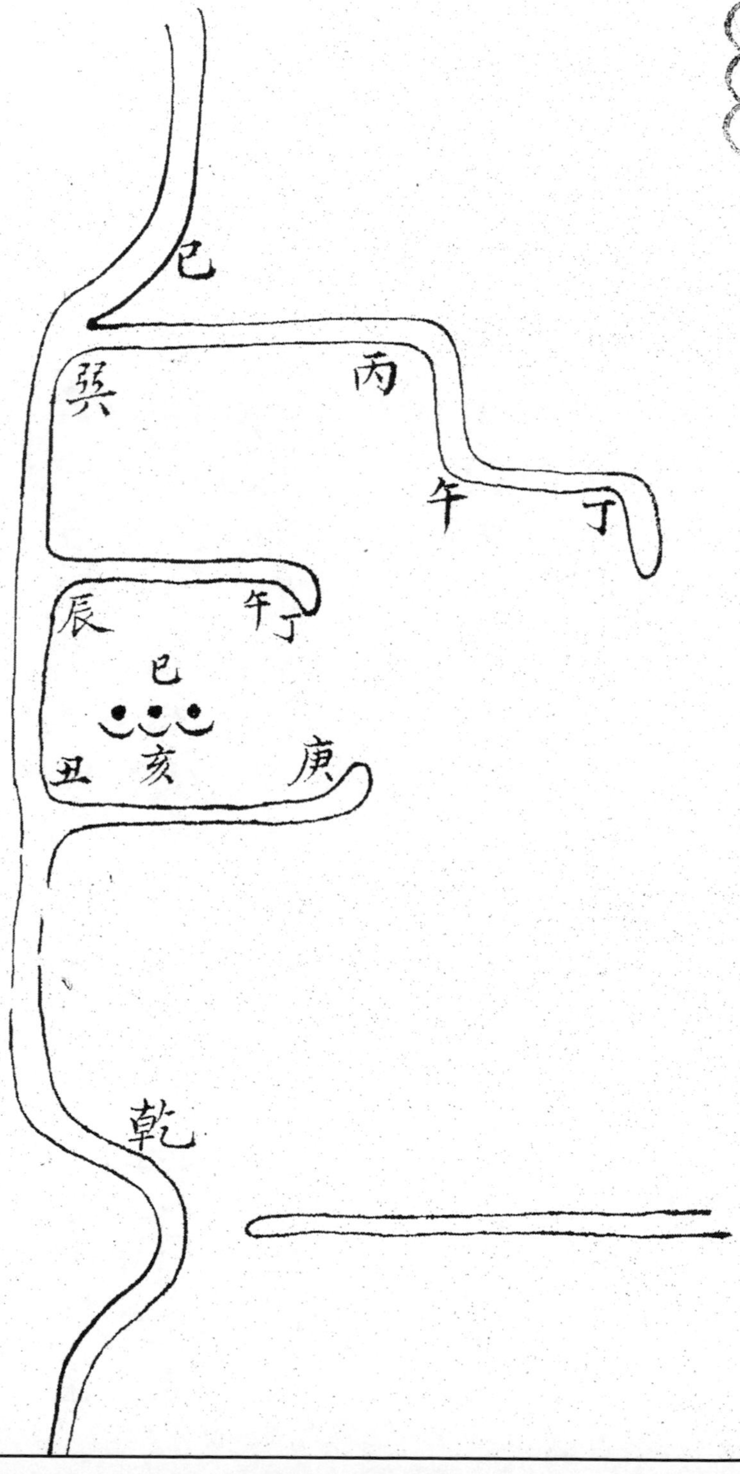

此陸公祥父子之墓。立亥山巳向。取李四溝乾方來水。兜傍穴東。向南辰巽方而去。辰方枝河入口。向西至丙灣至午。曲抱至丁而止。穴後自丑向西至辛勾至庚而止。收坤申龍入局。此係中元正格而上元為輔。地局端正。內星外垣。兜抱完密。悠久之地也。

擇乾隆四十二年丁酉十二月癸丑十一日癸卯甲寅時登穴。太陽到丑宮斗木十度。太陰到酉宮婁金三度。為輔山拱向。丑宮又有羅星用神。扶助太陽。亦為得力。命安寅宮。合向合時。益見得令。

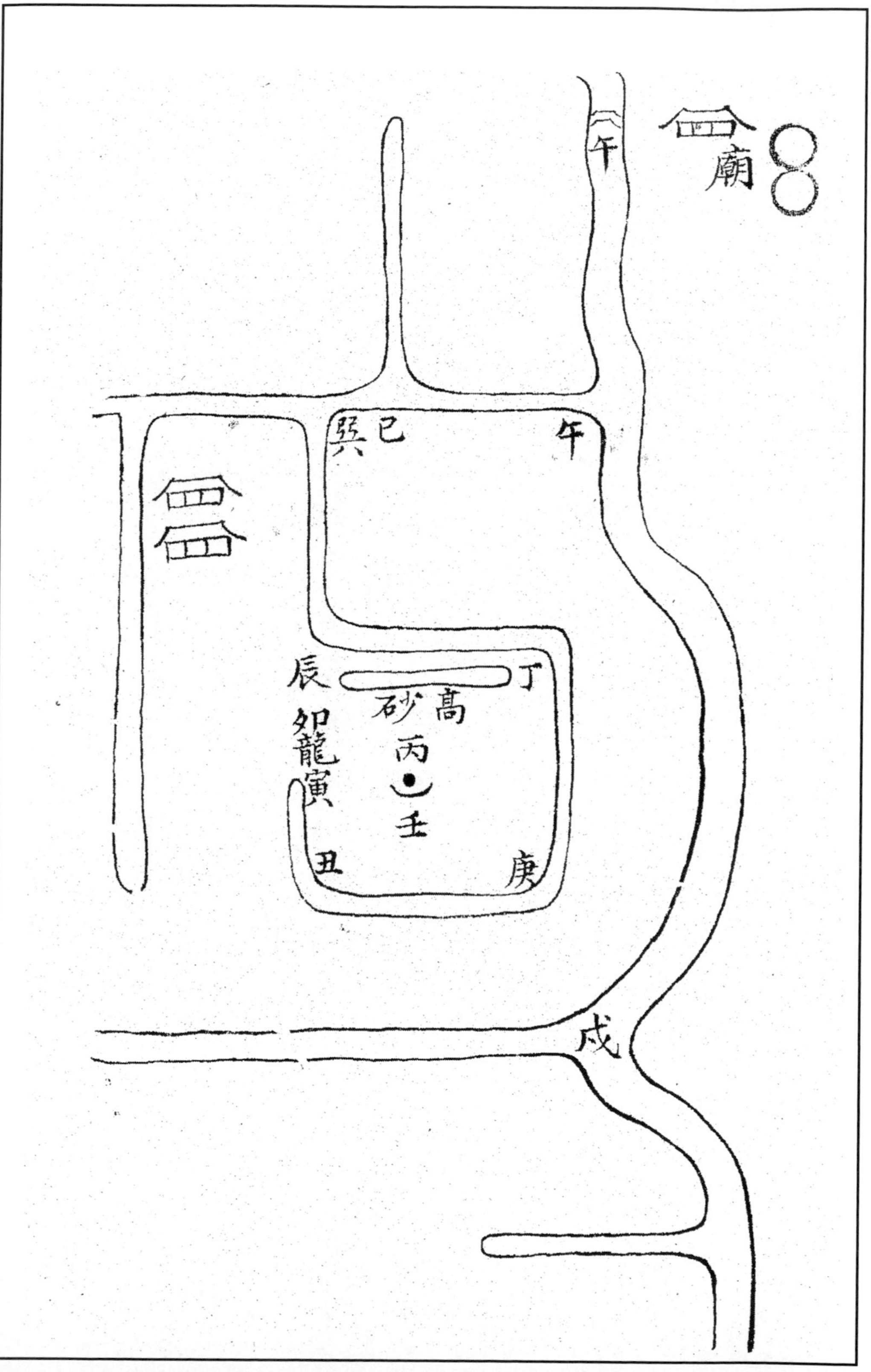
午
廟
巽
巳
午
辰
丁
高砂
卯龍
寅
丙
壬
丑
庚
戌

此中剛沈公孀母舅之墓立壬山丙向取都臺浦戌水方來水兜抱向南至丁午方而去午方枝河入口至巳至巽向東而去巳方向南分枝捍河似笏朝堂巽方分枝向北至辰轉西至丁再灣至戌又兜至丑勾至寅作金鈎釣月之局收準卯龍入局穴後戌方分枝向東至丑艮方而去此係上元骨格而中元為輔地局寬宏三元不替之地也

擇乾隆四十三年戊戌十二月乙丑十五日辛未戊戌時登穴取太陽到子宮女土三度坐山照向太陰到午宮鬼金三度為坐向照山命安亥宮與丑宮水孛恩星夾山甚見得力

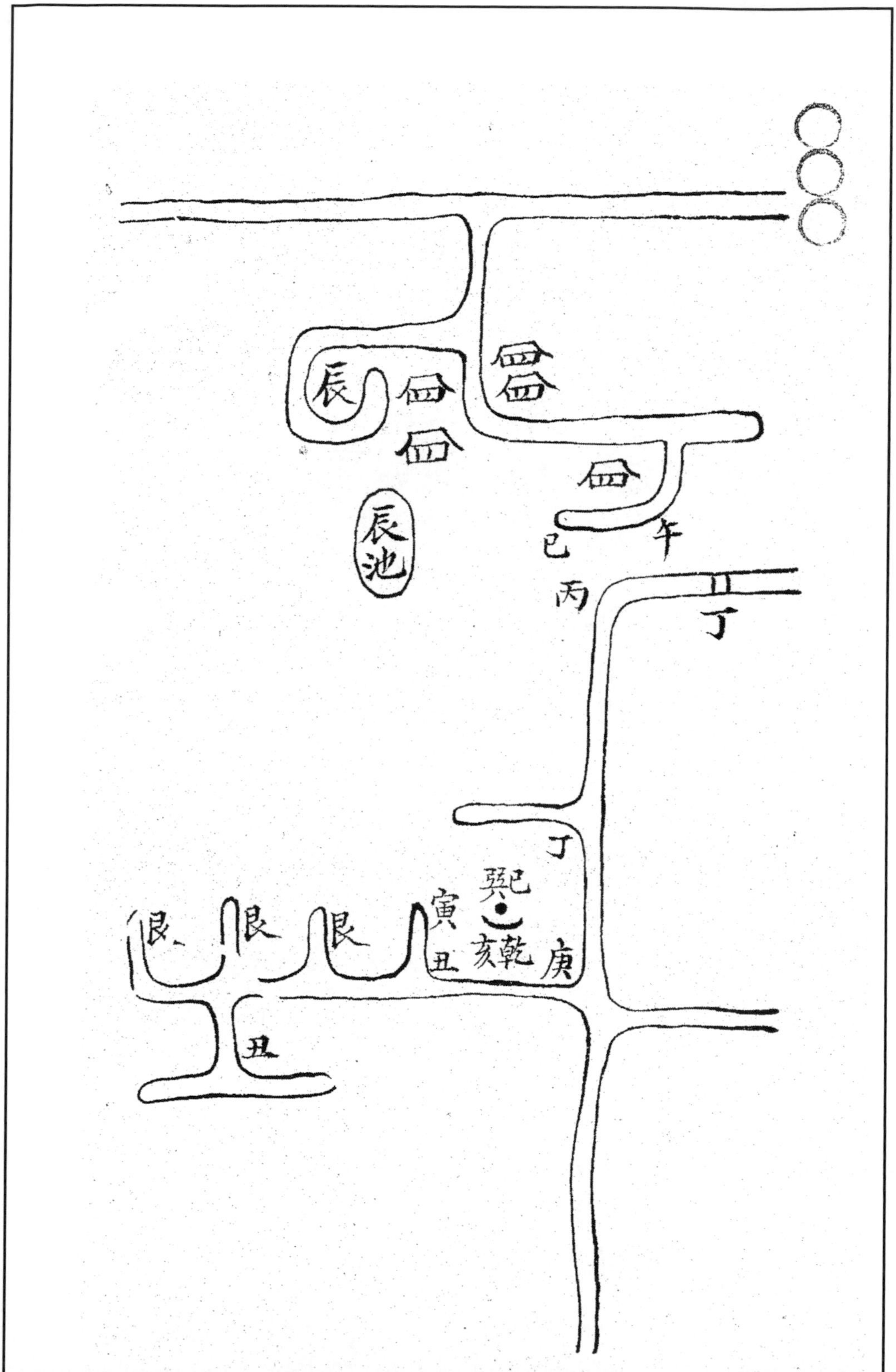
辰
辰池
午
巳
丙
丁
丁
巽巳
寅
丑
亥乾
庚
艮
艮
艮
丑

此徐咸山之墓立亥山巳向兼乾巽三分收乾水後坐曲折深長自北向南至庚至丁至丙轉西而去又從庚方分枝向東至丑艮方而去丑方向南開至寅而止丁方向東開至辰而止收夘龍入局穴前又有巳水遠朝辰池巽印丙印重疊遶掛屋宇豐窿林木聳秀此係中元兼上元真美地也

擇乾隆四十三年戊戌二月乙夘十四日乙巳乙酉時登穴取太陽到亥宮室火初度太陰到巳宮張月初度為坐山照向坐向照山又有戌宮火星用神子宮水星恩主夾山尤為得力用亥時命安亥宮更見得令

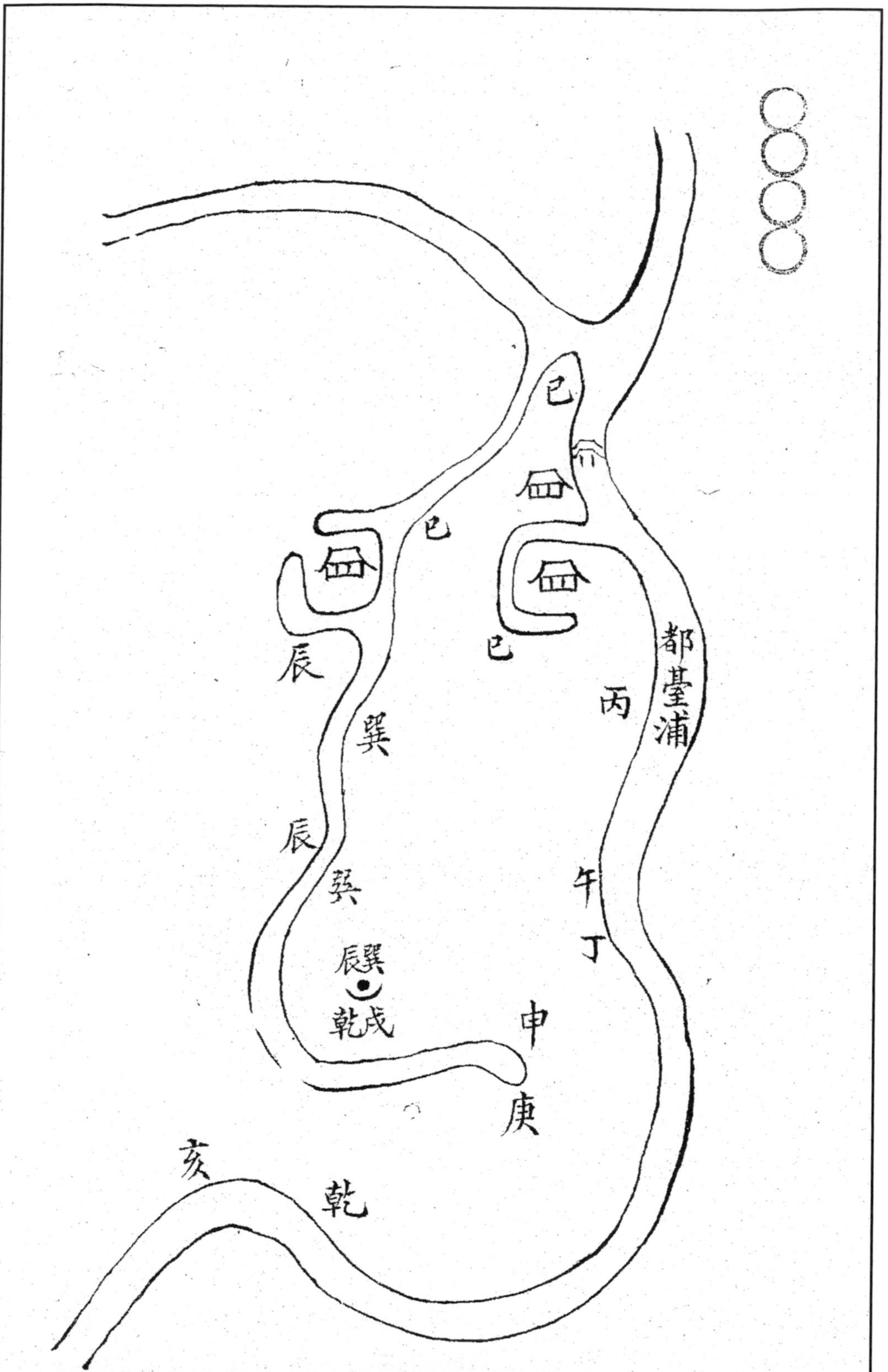
巳
巳
巳
辰
巽
辰
巽
辰巽
乾戌
都臺浦
丙
午
丁
申
庚
亥
乾

此楊戌遠之墓。立戌山辰向。兼乾巽三分。取都臺浦亥水來潮至乾。曲至庚。兜至午。抱至巳。方向南而去。巳方分枝入口向東。又分枝即向北。復曲至巽。兜至辰。巽水四五曲朝堂。環抱穴後。復至亥至乾至庚而止。收坤申龍入局。此係中元貪格。而上元。為輔曲如遊龍。四面回繞。穴前兩顆並列方印。穴後兩重曲水。兜收真難得之地也。

擇乾隆四十三年戊戌三月丙辰十五日乙亥丙戌時登穴。取太陽到戌宮奎木一度。太陰到辰宮軫水初度。為坐山照向。坐向照山。戌宮又有金星命主。水星用神。扶助太陽得力之至。

庚　巽　巳　丙　午　丁　未坤申　庚　寅　丑　巳　亥

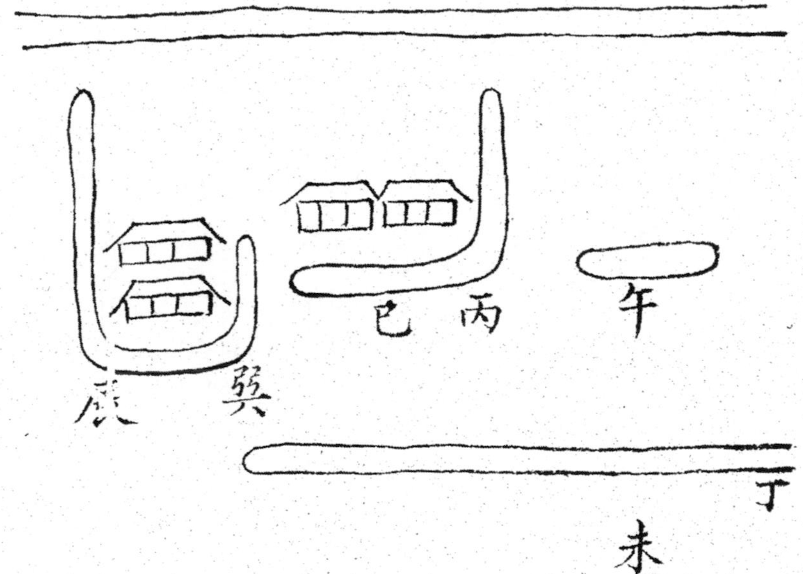

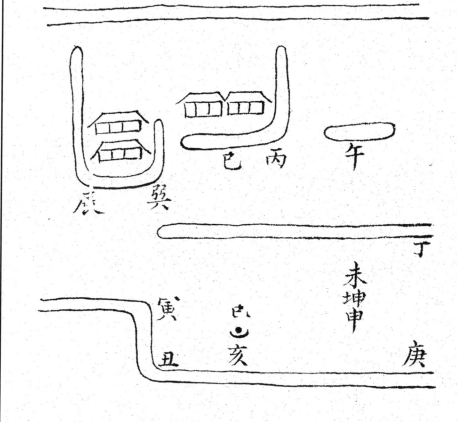

此曹策廷之塋。立亥山巳向。取穴東寅方水。曲折向北至丑抱穴後。復向西一直至庚而去。穴前又有一水自巽向西至丁而去。穴前水南又有三印池。東印辰巽。西印午丁。印巳丙池中有林木屋宇相映。秀美可愛。取甲卯坤申二龍交氣入局。此係中。元。骨。格。而。上。元。輔。理。合。成。洵悠久不替之地也。

擇乾隆四十三年戊戌四月丁巳二十日庚戌乙酉登穴。取太陽到酉宮胃土十一度。太陰到丑宮斗木四度。為。輔。山。拱。向。申宮又有計星恩主。水星用神。金星命主。寅宮又有孛星用神。關。關。關。山關向甚為得力。

此家當敗。棄置勿扦。命也如何。殊為可惜。

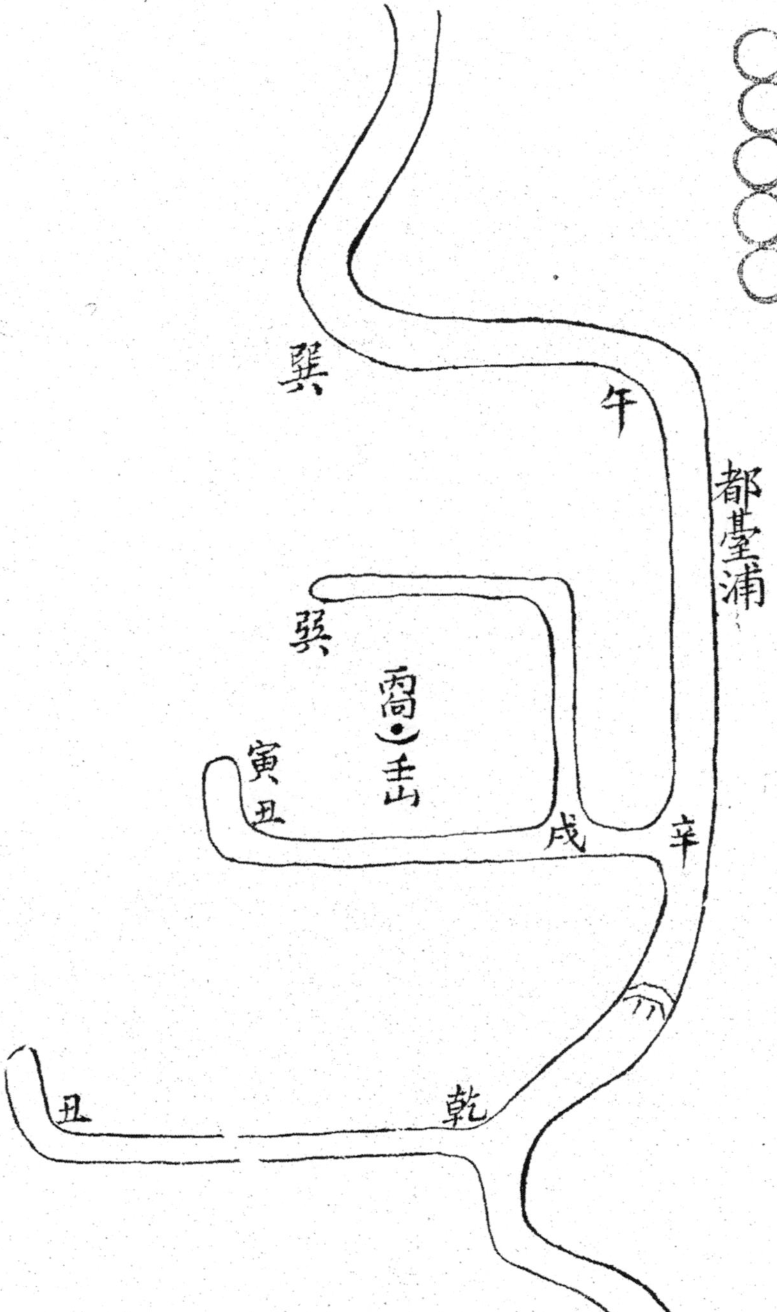

此圖壬山丙向。取都臺浦巽巳水五十里曲折朝堂。轉西至丙午丁。兜抱至乾戌方而去。其枝水自辛方入口。向東至丑。勾至艮。又自戌方向南至午。轉向東兜抱至巽。後又自乾方向東至丑而止。收卯龍入局。的係上元骨格。而兼中元。中元兩關水勢浩蕩。今正在得令之時。上元兩重兜抱。堅固完密。真三元不敗之地。且地局齊正。星垣皆吉。斷非易得。說與三合亦合。洵佳壤也。後為敬安弟所得。其福澤諒自不小也。

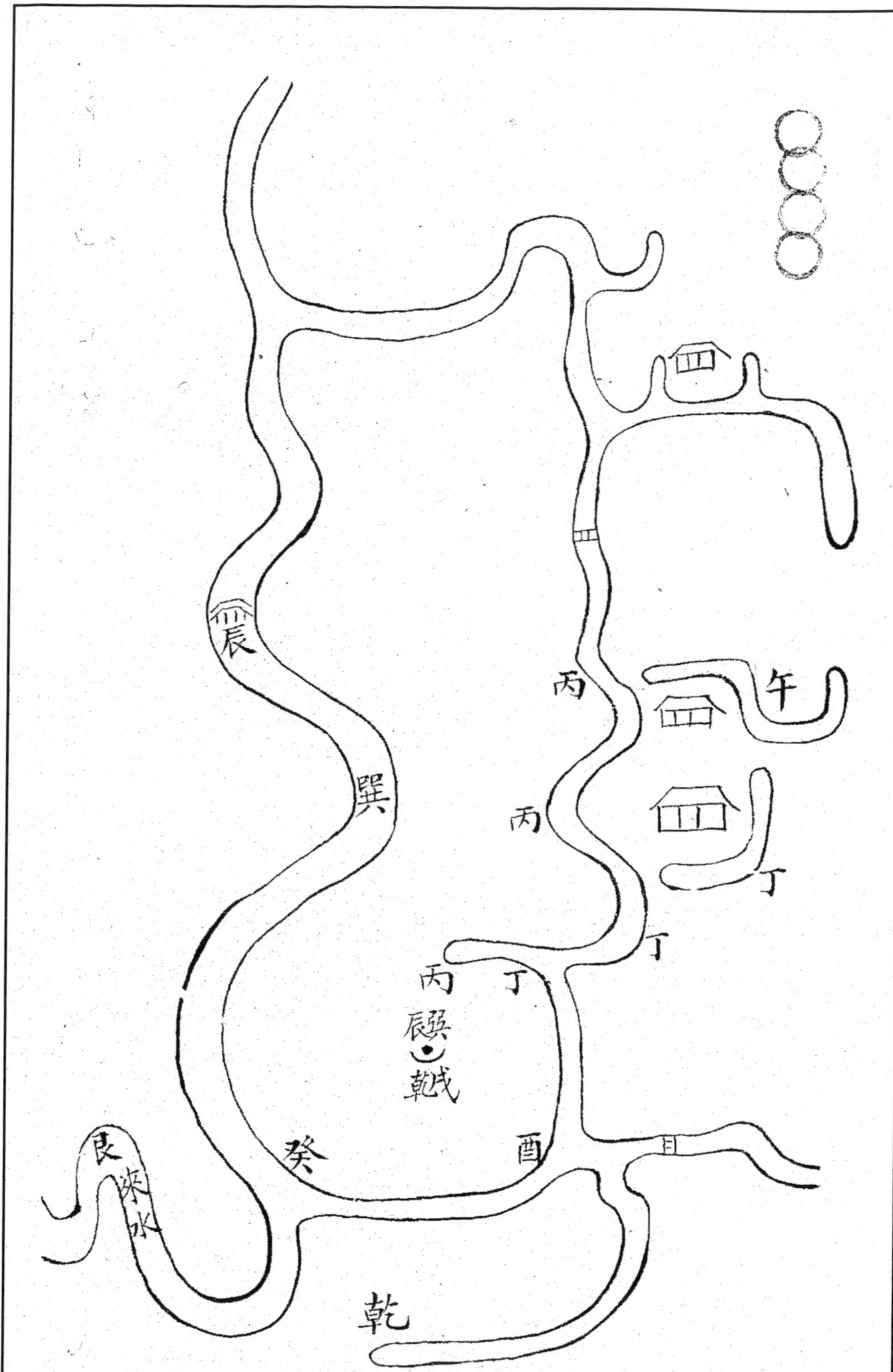
辰
巽
丙
丙
午
丁
丁
丙
丁
辰巽
乾戌
癸
酉
艮
來水
乾

此圖乾山巽向兼辰戌三分取都臺浦五十里辰巽水曲折朝堂轉東至艮至癸復至丑艮寅結成四五曲折之玄而去其枝河自癸方入口向西至庚酉辛方曲折而去庚方向北環至辛托抱至乾亥而止酉方朝南至丁勾至丙而止丁上凸折復兜抱至午丙而去離方又有重疊印池近照此係上元骨格而中元為輔正合天玉所謂三陽水向盡源流富貴永無休又云北斗七星去打劫其為悠久不替之地也明矣

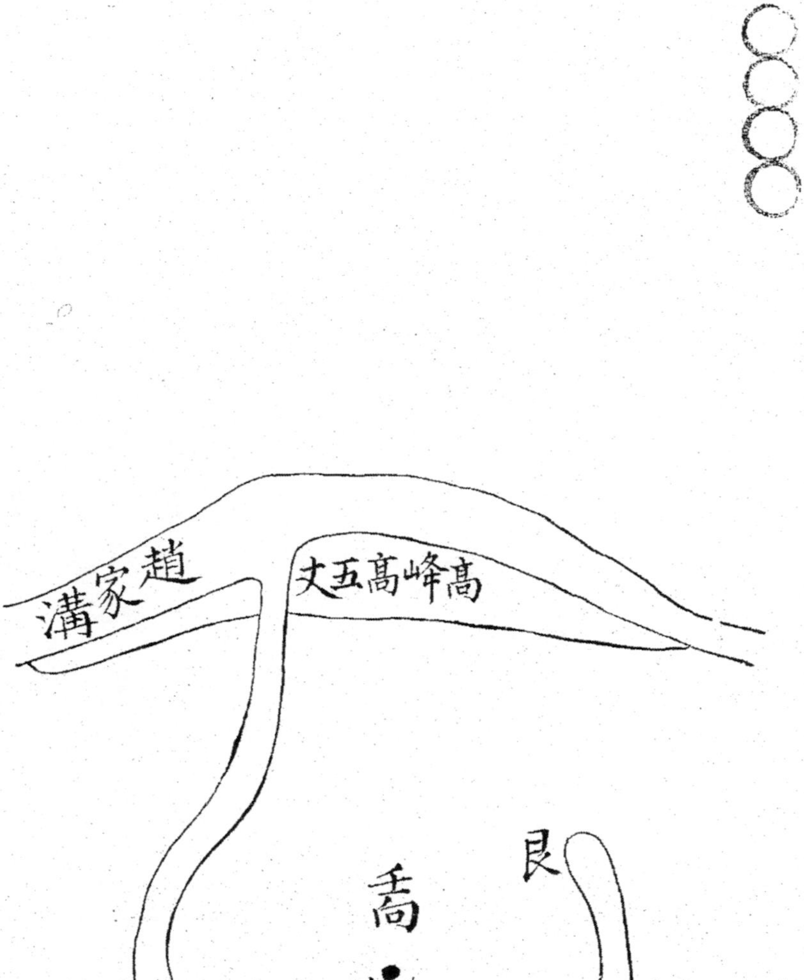
趙家溝
高峰高五丈
艮
壬向
丙山
丁
午
辰巽

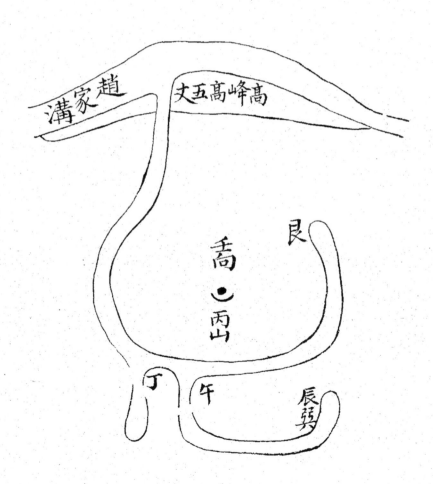

此圖取趙家溝乾方枝水進口兜抱圓曲如鉤丁方有河頭懸
掛午方向南轉東至巽至辰穴前有高峰五丈挺秀異常穴立
丙山壬向坐定兩重丙水收癸龍入局的真上元骨格而中元
為輔三元不敗之地也

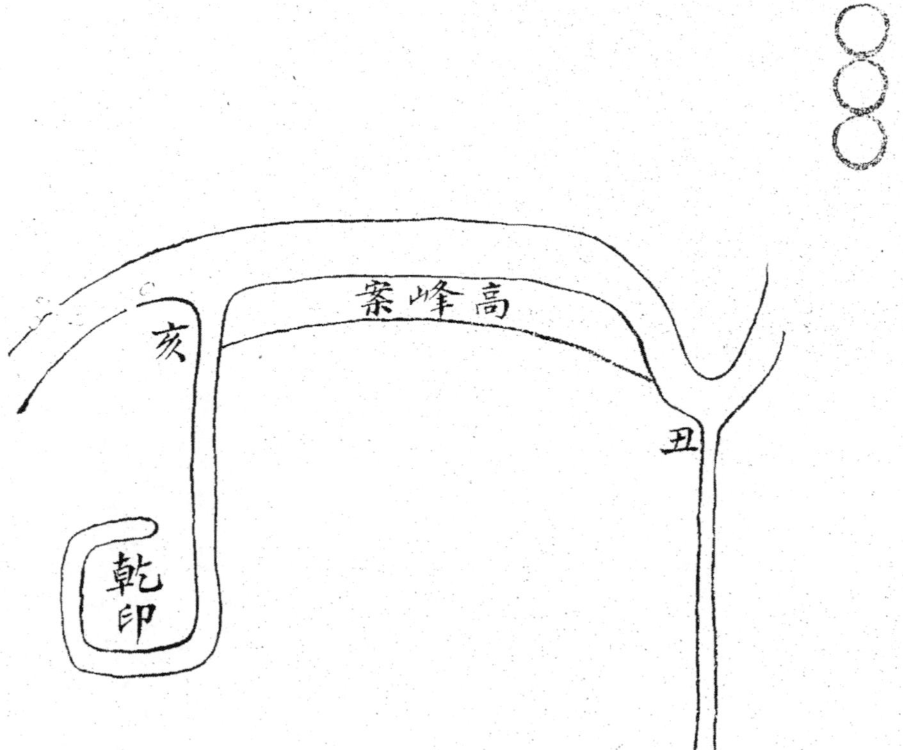
高峰案
亥
乾印
丑
艮
戌
壬向
丙山
辰
辰
巽印

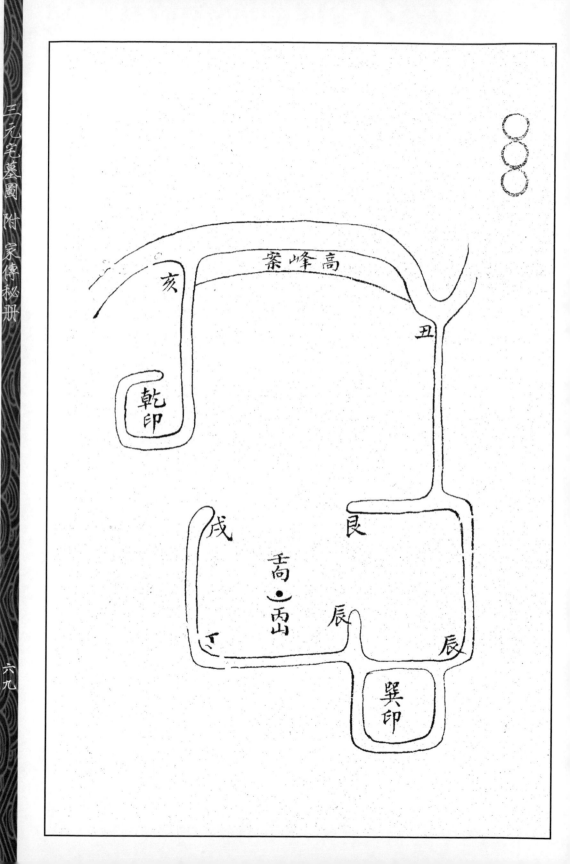

此圖丙山壬向。取乾巽兩印池對照。穴坐丙水。收壬龍入局。面對高峰。地方局濶。土厚勢雄。此上元骨格。而兼中元。悠久不替之地也。

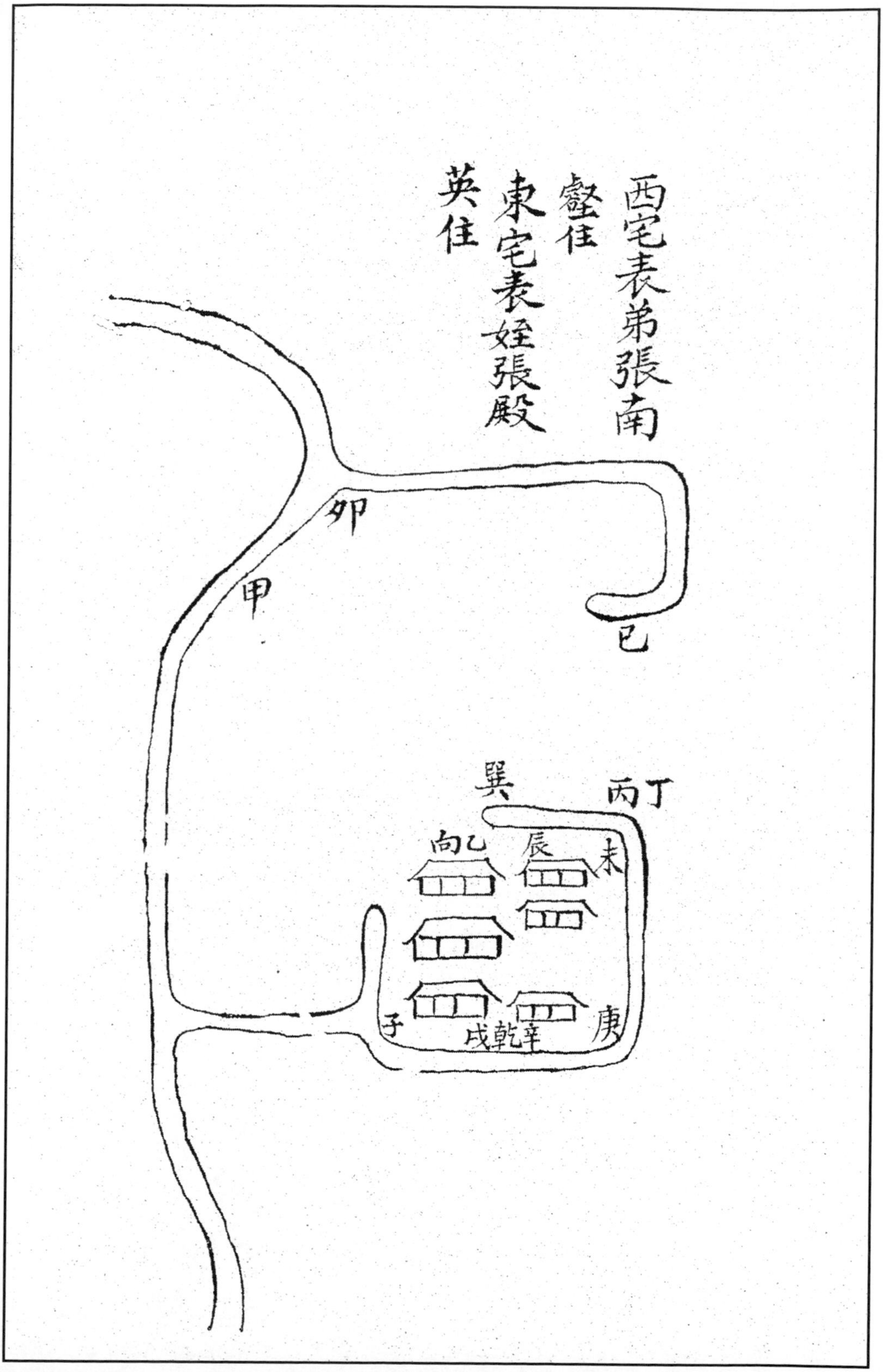
西宅表弟張南壑住
東宅表姪張殷英住
卯
甲
巳
巽
丙丁
向乙
辰
未
子
戌乾辛
庚

此余外祖彩臣張公之宅。在外祖時。未嘗不旺。將元運推算。其時正在下元至上元。中漸漸衰替。今在中元。益覺不順矣。細按其故。皆由黃家溝子水入口。丙午方龍氣益熾。且有甲卯方水大反而去。今當自丁開至午。轉東至巽。收卯龍入局。庶幾可以安妥。

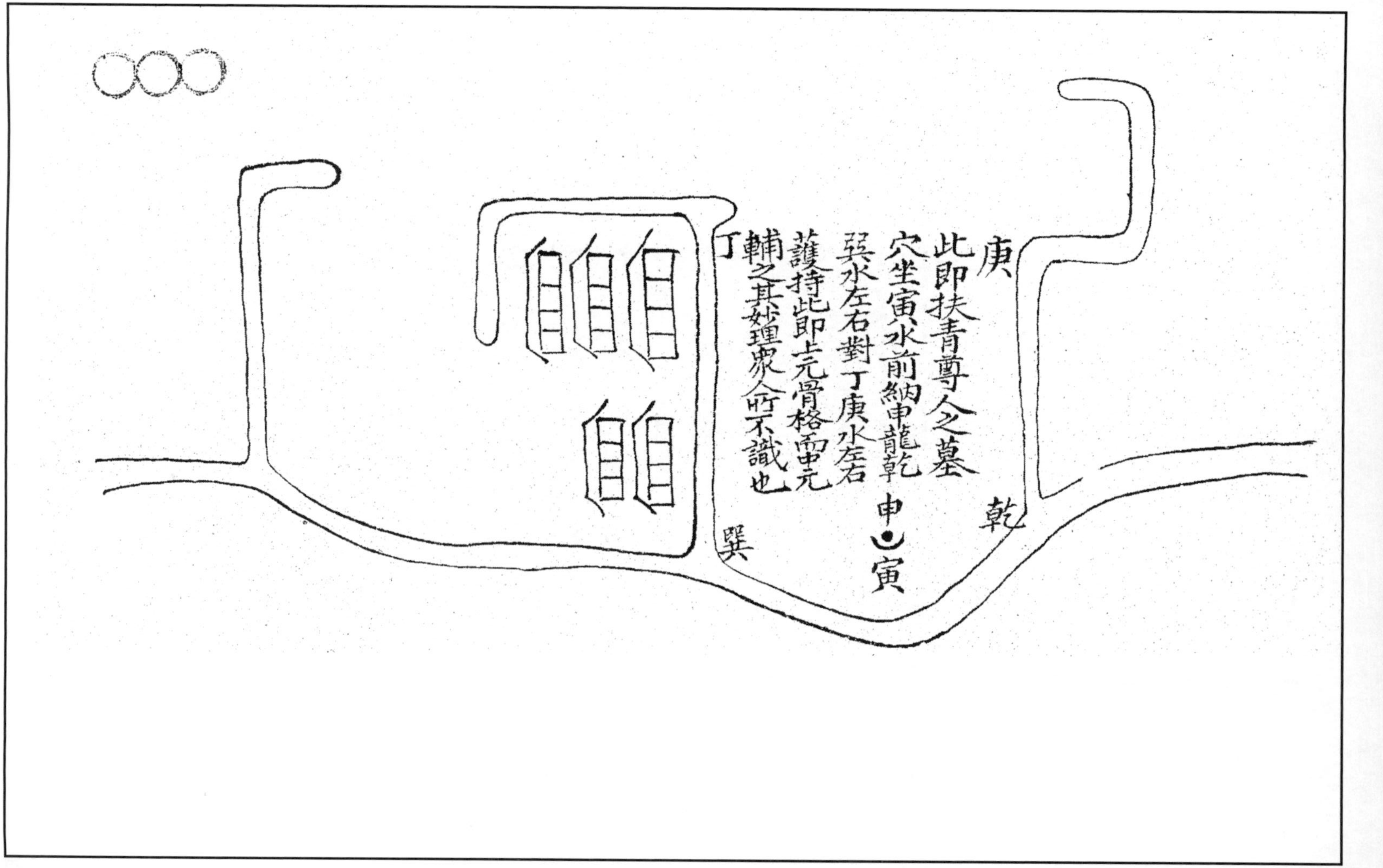
庚
此即扶青尊人之墓
穴坐寅水前納申龍乾
巽水左右對丁庚水左右
護持此即上元骨格而中元
輔之其妙理衆人所不識也
乾
申
寅
丁
巽

此朱扶青之宅。向來河頭至坤而止。受足丙午丁龍。以致住此宅者。或無嗣。或早夭。不一而足。予特為之開河一曲。自丁至午。轉至巽。收准卯龍。本係下元骨格。一經開轉。即變而為上元之局。楊公之救貧。即此道也。

擇乾隆四十二年丁酉正月壬寅十八日乙酉巳卯時開新河。取太陽到亥宮危月六度。太陰到巳宮張二度。為坐宅照向照宅。命安亥宮。本為主。併命身恩主星俱在亥宮。得力之至。

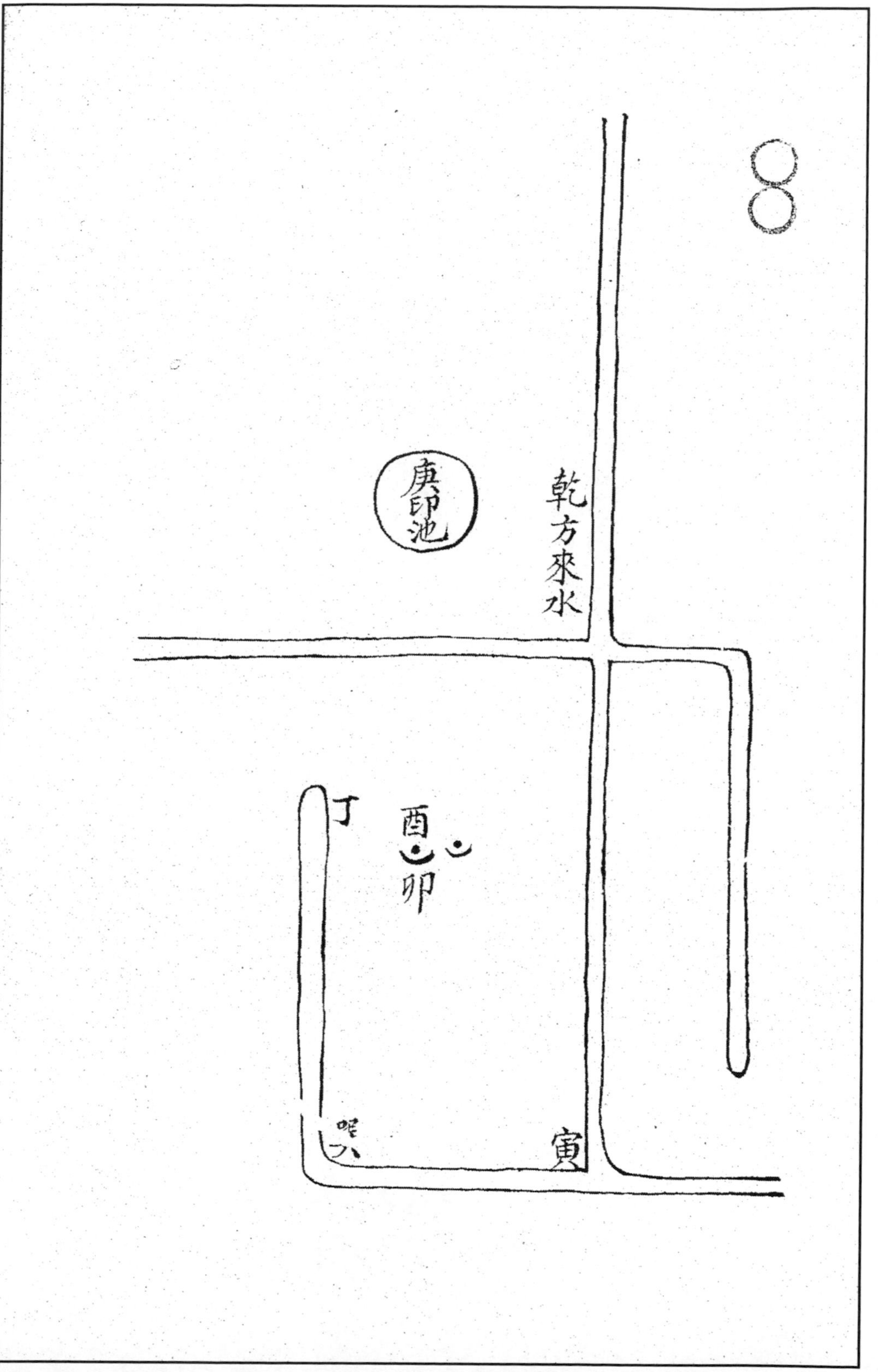
8
庚印池
乾方來水
丁
酉
卯
寅

此黄甸南之墓。立卯山酉向。取戌方來水。到乾分枝向東至寅兜至巽轉至丁而止。又在乾方向南至丁而止。收坤申龍入局。此係上元骨格。而中元來水輔助。成局悠久之地也。

擇乾隆四十三年戊戌二月乙卯初十日辛丑丁酉時登穴。取太陽到亥宮危十六度。太陰到未宮井木六度。為拱山輔向卯宮又有炁星命主孛星恩主。坐山照向。尤為得力。命安亥宮木為主。太陽扶助。益見得令。

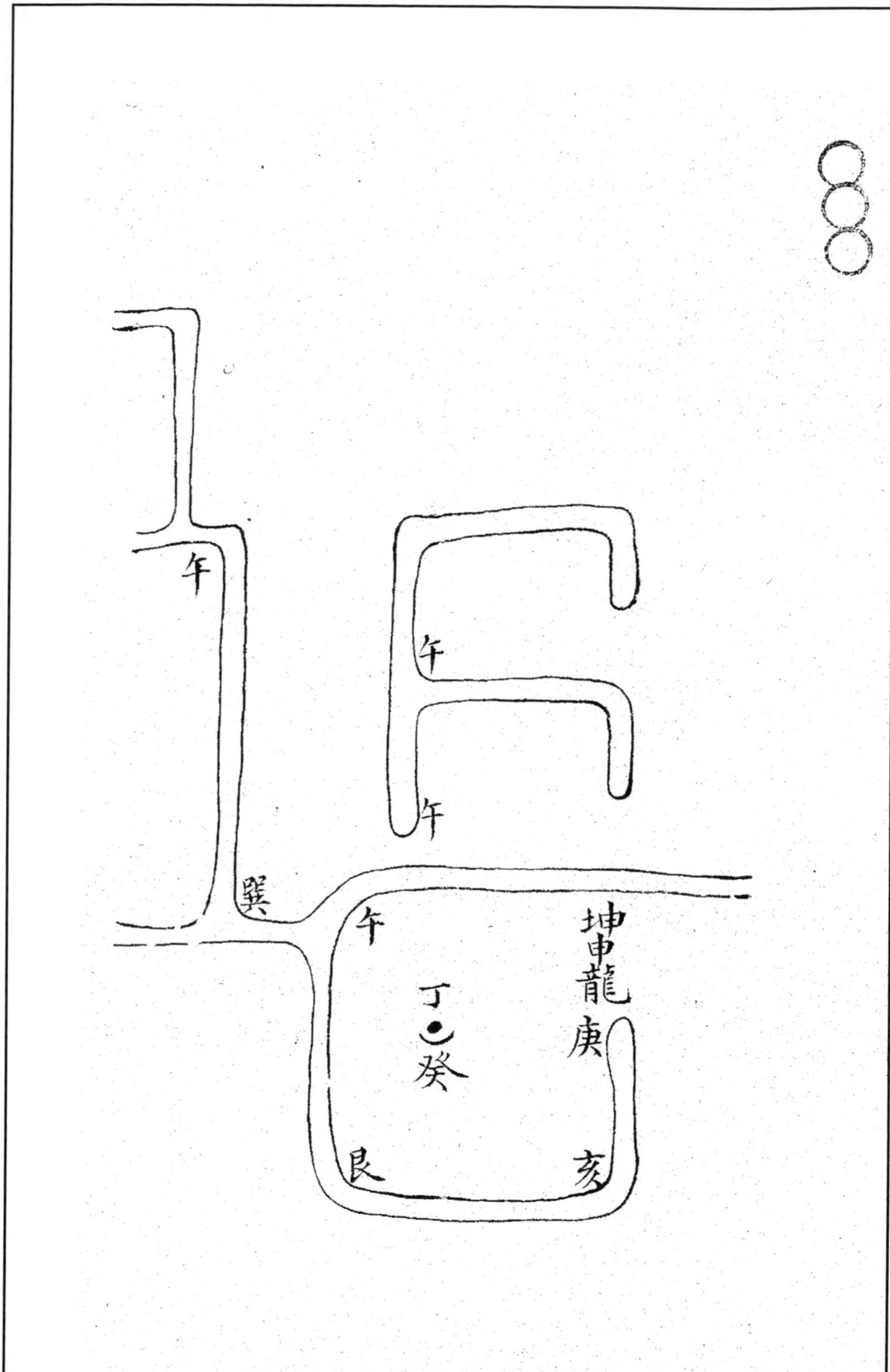
午
午
午
巽
午
坤
申
龍
庚
丁
癸
艮
亥

此李宏遠之壽域。立癸山丁向。取庚辛方來水至午兜至寅轉至亥。又勾至庚而止。取坤申龍入局巳方。又有水至巽轉至午而止。穴前河外又有午丁水兩印朝堂。此係上元骨格而中元為輔。洵佳壤也。

擇乾隆四十二年丁酉十二月癸丑初六日戊戌癸亥時登穴。取太陽到丑宮斗六度。太陰到亥宮危九度。為夾山。又有羅星用神扶助。太陽子宮又有火星用神水星恩主坐山照向午宮又有木星命主坐向照山。得力之至。用亥時命即安亥宮木為主。

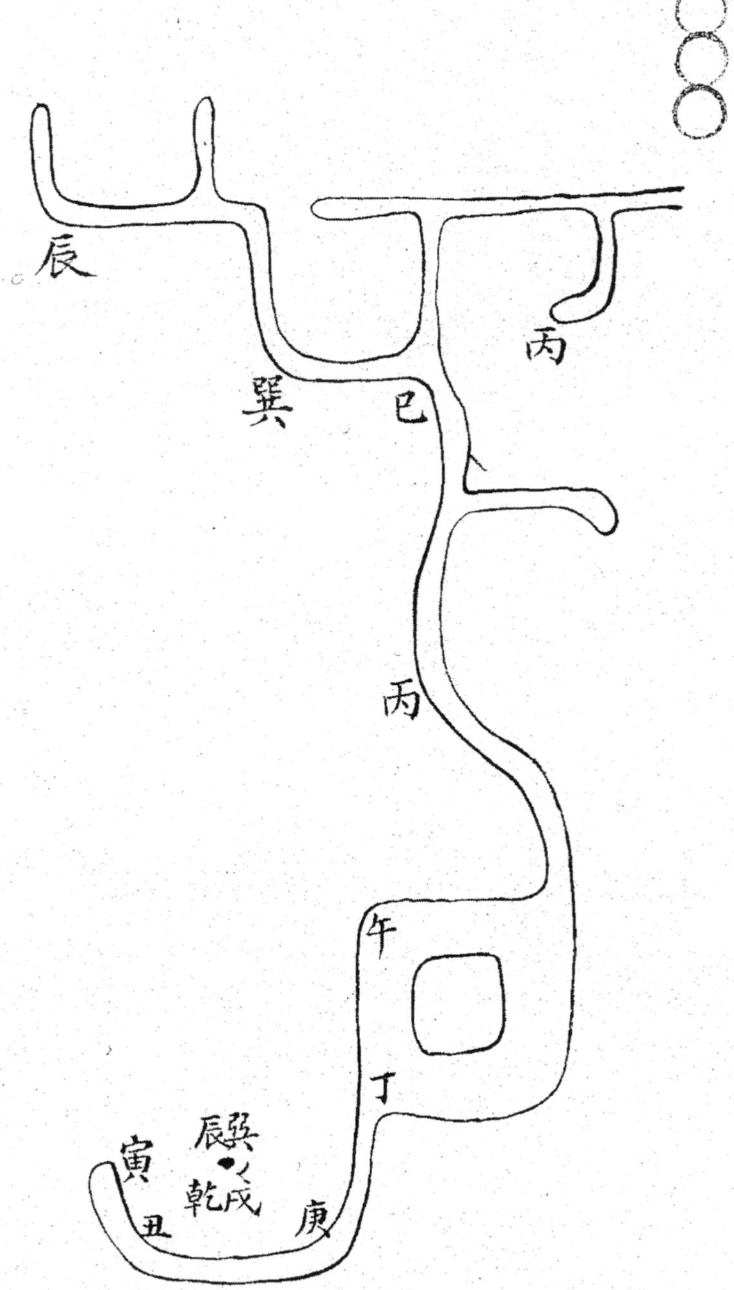
辰
丙
巽
巳
丙
午
丁
辰巽
寅
乾戌
丑
庚

此朱南遠之墓立乾山巽向兼辰戌三分取都臺浦午方進口
至丙方有一印再至巳方有一印復從巳方向北屈曲至午丁
方有大印池映照又從丁方至庚兜至丑抱至寅而止穴坐兜
抱之中收甲卯龍入局局勢兜收完密此係中元骨格而實取
上元定局上元脉長力大悠久不替洵佳地也
擇乾隆四十三年戊戌十一月甲子十六日壬寅辛亥時登穴
取太陽到丑宮斗木五度太陰到未宮井木十度為關山關向
辰宮又有火星用神坐向照山得力之至

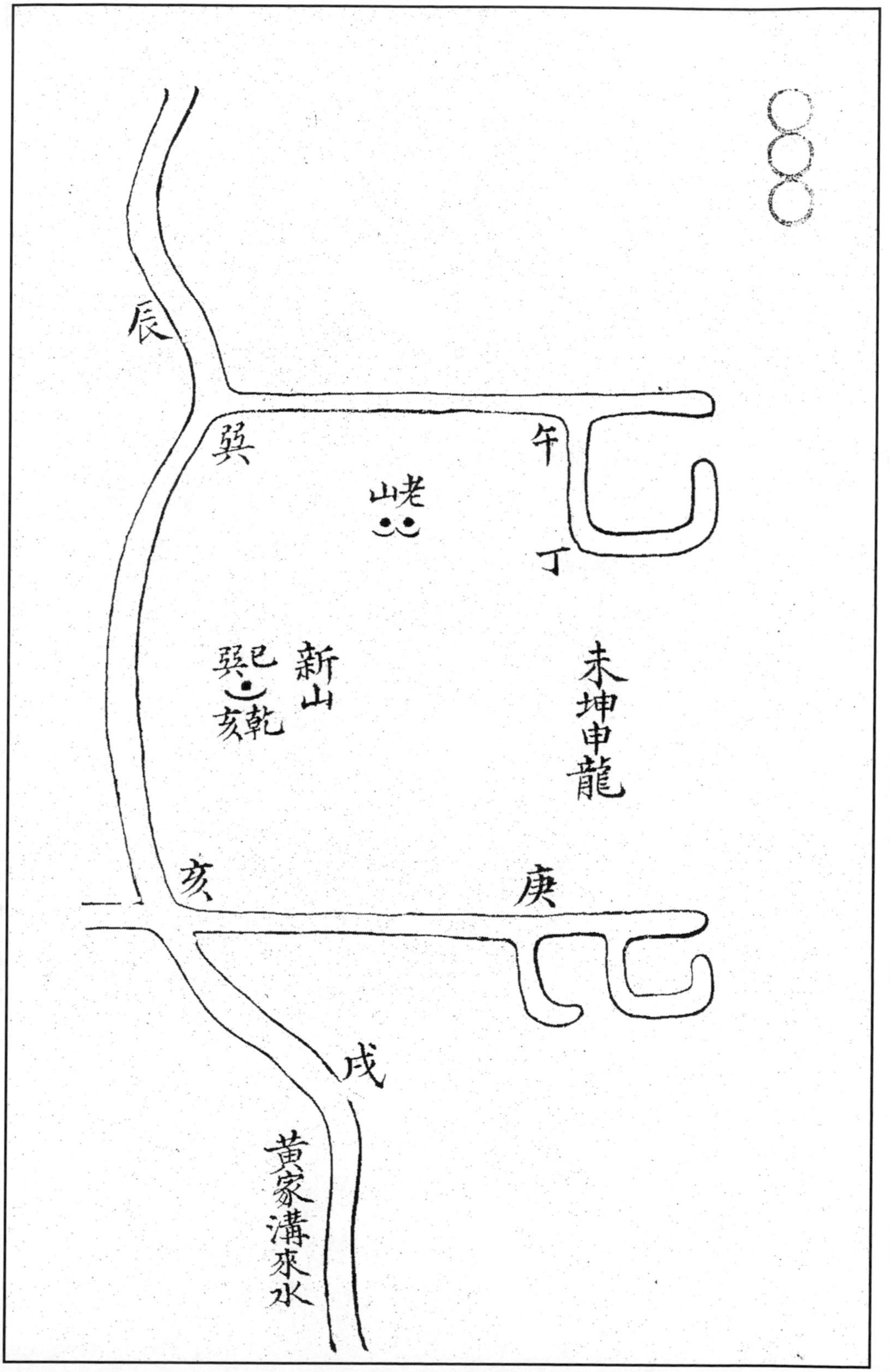
辰
巽
午
老山
丁
新山
巳
巽
亥
乾
未坤申龍
亥
庚
戌
黃家溝來水

此孟維嶽之墓。立乾山巽向。兼巳亥三分。取黃家溝戌乾方來
水從穴東兜抱至巽辰方而止。穴前支河自巽方入口向巳至
丙午丁方卯池而止。穴後枝水自亥方入口向西生庚酉辛方
兩卯池而止。收準未坤申龍入局。此係中元骨格。而上元為輔
悠久之地也。至可老山立長注已向收庚酉旺龍出丑癸墓水
此本三洽家所築。豈知東有甲卯沒水沖對西有坤申卯池相
映北有子癸來水雜流西北收庚辛龍入局堂局雖覓濶盤齊
而卒至早妖乏嗣。以元運推之。不顯然足畏與。甚矣三合之害
人不小也。

擇乾隆四十三年戊戌四月丁巳二十日甲戌乙酉時登穴。取
太陽到酉宮胃十一度。太陰到丑宮斗四度。為輔山拱向。申宮
又唷計星恩主水星用神金星命主寅宮又有字星用神到山
到向正宜築山層樞百事獲福

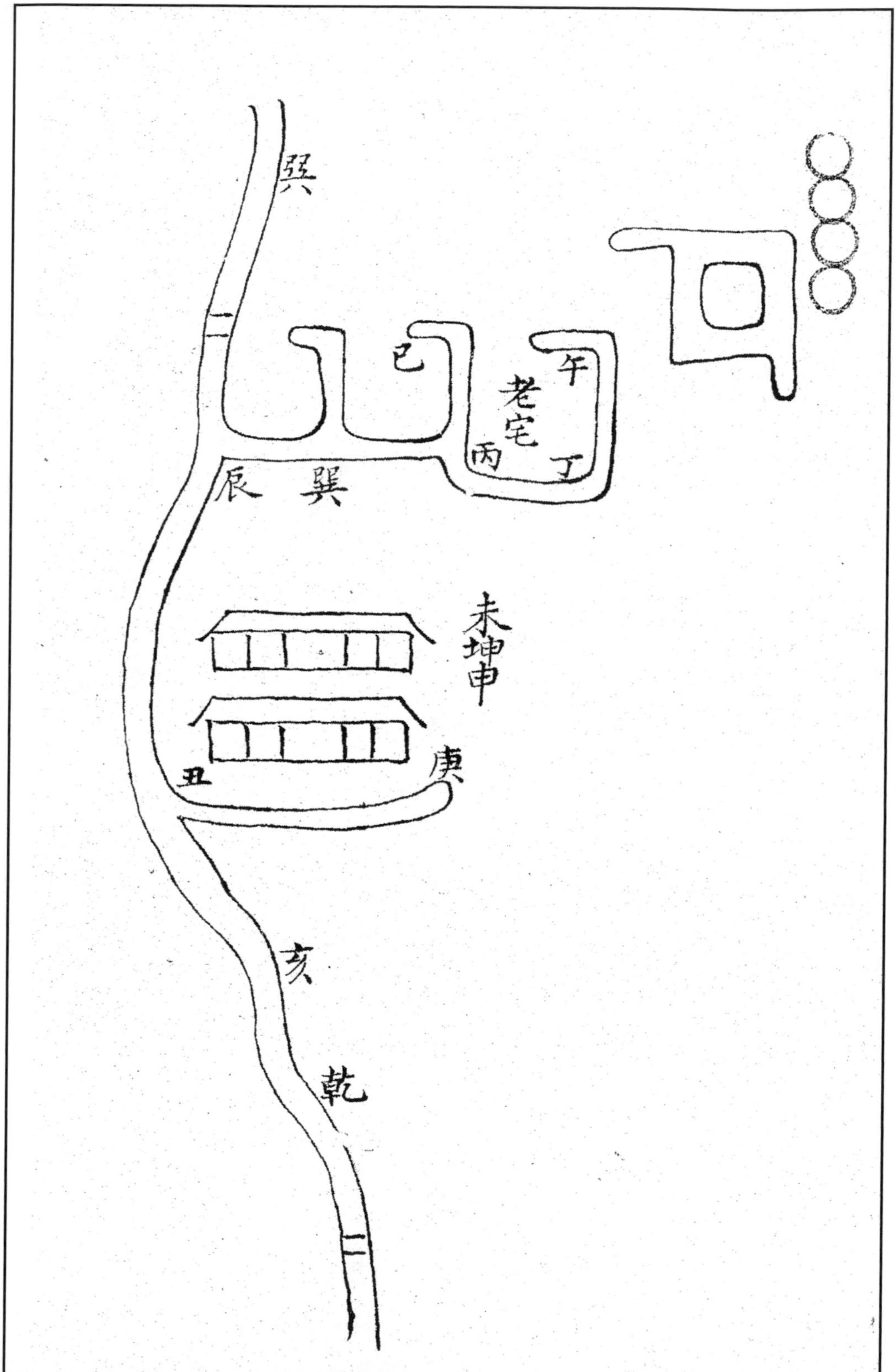
巽
巳
午
老宅
丙
丁
辰
巽
未
坤
申
庚
丑
亥
乾

此沈成遠之新宅正針立亥宅巳向兼乾巽三分取姚浜辰巽水曲折朝堂乾巽水之玄後抱宅前枝河自辰方入口至巽兜抱一印池又至巳兜抱一印池又至丙方午丁方兜抱一印池午方另有湖蕩一印池宅後枝河自丑向酉至辛抱至庚而止收準坤申龍入局此係中元正格而兼上元龍水深厚力大氣雄真三元不替之地也

擇乾隆四十四年己亥十月乙亥十七日丁卯癸卯時定磉十八日戊辰乙卯時立柱上梁取太陽到寅宮房星二度太陰到申宮畢星八度為關宅關向最為得令命安寅宮屬木水孛為

恩。火羅為用。寅宮又有水星恩主。羅星用神。助日之光。尤為得力。并取天恩陽德解神司命明星神在七聖諸吉星護持。正宜立帖上梁。百事獲福。十一月丙子初九日己丑丁卯時做脊。裝正門。取太陰到亥宮危星十九度。為坐宅照向。又取歲德月德守日吉期六合不將明星神在。隨手完滿。諸事大吉。

九天玄女青囊海角權衡三字經

正經

天地純數乃導理順逆萬機神六甲運五賦行法

五子遁八門佈雷使察金精御五炁攝九靈鋤叛

逆超神英

理氣經

位生民奠宅靈審卦氣配九星推三吉合八門地

母變上化升長男震下逆行自然炁吉凶定

星巒經

方共圓動植行峙逶迤流平渟四望歸八方層行怪異秘內神背幽關迎陽明

青囊三字經世稱玄女所傳其言雖誕然簡而該精而切字字玄微言言典則即如理氣云當卦氣配九星推三吉合八門正示人必當審乾坎艮震巽離坤兌後天之卦氣以配一白二黑三碧四綠五黃六白七赤八白九紫之星辰又推三六一百八十年上中下三元得令之吉運以合八卦上中下值旺之一門只此十二字而

三元之旨已包括顯露無遺矣我特明指其端
即從此細察前篇當無不得其義也
上海趙文鳴清泉氏識

玉經（當作玉鏡）

玉經正經

慕講禪師著

凡看山水。有山山斷。有水水斷。山看來勢。水看來朝。山雖本於發峰。卦實定于結局。若無頓峰。則取來龍。如有頓峰。卦則從峰。水雖本於源頭。卦寔定于朝角。如無合水。則取橫遶。如有合流。卦則從角。蓋平地以高者為山。山峰為建。低者為水。水際為破。建為主。破為客。主客相配。起卦。然後以所得之卦之星。入中飛八方。看其生。旺。關。煞。以斷凶。吉。如離方有水。便作坎山。坎方有水。便作離山。乾方有水近。便作巽山。巽方有水近。便作乾山。四圍有水。作中宮黃論。如一邊有脉路相連者。即以進氣之方為卦。不可以中宮論也。務看鉗抱環遶遠近活法取之。

高山。高處為建。低處為破。平地。中心為建。水際為破。又以坐為建。朝向為破。建為主。宜來脉活動。豐厚清潔。破為客。宜朝秀聳拔。流神環抱。

九星屬八卦五行歌

一白貪狼號水神二黑坤土起巨門三碧震木祿

存是四綠文昌巽木親五黃廉貞中宮土六白武

曲乾屬金七赤破軍金管兌八白艮土左輔星九

紫右弼離火熘九宮八卦此中分

八山剪水經

辰巽巳水為乾局丙午丁水為坎局未坤申水為

艮局庚酉辛水為震局戌乾亥水為巽局壬子癸

水離為局丑艮寅水為坤局甲卯乙水為兌局

如辰巽巳方有水為乾局餘倣此

九宮八山論

九宮者。推氣運之法也。地運有興衰。得運者興。失運者退。非九宮則無以知之。八山者。定向水之法也。方位有純駁。陰陽相而吉。陰陽相乘而凶。非見八山則無以辨之。故不明八山則不能辨吉凶之位。不明九宮則不能知興敗之時。此九宮八山兩家。雖分而實合。故辨方定位。當以八山為主。然必佐之以九宮。而後八山之吉地吉水值得運之時。而始驗也。推詳運氣。當以九宮為主。然必兼之以八山。而後九宮得運之局。得運之水合八山之吉

而發始也此兩家者雖各有其用而寔相表裏缺一不可者也

三元龍運訣

三元龍運理宜通上元一白二三同中元四綠中乾位下元七赤艮離中

雲陽祖師授蔣平階枕中記

山龍

凡看山龍務尋出脉脉辨陰陽方可審穴一龍特出狀旋頓跌將至大結星體呈現或土或金氈褥

鋪墊。左、右、護、夾。交、鎖、雙、關。前、朝、如、揖。後、衛、如、送。莫問何龍。總名曰陰。洋洋平出。霞布雲蒸。到頭歇脚。龍迴虎抱。中間一片。平坦寬和。或沙或水。界割分明。我穴其中。萬象皆備。莫問何龍。總名曰陽。此二脈者。凡山皆有。其或不分。頑土鈍石。不可穴也。亦有山形。如環之圓。尾抱其首。或一太極。肉氣冲和。堂局深穩。穴彼極中。峰巒肆應。此名肉壅。如或少肉。此山無穴。又有小山。藏大山中。根荄隱隱。氣象安安。我穴其巔。是名天穴。如或孤露。此山無穴。穴

戍當作成

法多端。正變不一。姑舉其要。須以意會。不可執一。登山涉水。忽然有得。地理之學。庶可傳也。

水龍

凡看平洋。先尋水道。水道既得。縱觀外勢。外勢既得。詳觀內形。內形既得。再察地盤。地盤合局。始審元運。元運維何。九宮輪轉。分方進旺。南離西兌東北艮位。三方水抱。名為元始。乾門巽戶二方水繞。五黃得氣。北坎東震。西南坤地。三方水遶。是維元會。其用水也。有腹有頭。穴腹之法。一字橫平。中間徵宕。如月方半。如弓上弦。流星洩尾。視星之止。此名垂乳。又號御珠。如是水法。源遠流長。不割不漏。包裹疊疊。界抱層層。三吉之穴。更有靜照。風流閒雅。美麗端凝。此等大地。貴盛無比。百中難一。不可妄希。必欲求全。反招鬼忌。單局清純。亦可以已。是曰平龍。至為要妙。曾見小儒。未明精義。衝撞走飛。悞人非細。人有邪魔。長生起算。六煞三刑。罔不具備。如是種種。我皆目擊。故廣仙傳。凡以云救。

八極神樞

一曰清真　言来脈不雜也曲直一字節節本龍不侵旁卦的的歸宗

二曰專一　言来脉不分也一脈朝宗會歸我穴凝結包羅不漏不泄

三曰深蓄　言養蔭不枯也深則注氣蓄則養胎積聚深厚氣脈薰該

四曰端平　言形局不欹也外堂龍體內堂穴星左右後托无側无傾

五曰翕聚　言收氣不渙也外来真氣到我近

六曰環衛

七曰中和

八曰明淨

身。一。口。翕。入。不。散。不。分。

言。穴。氣。須。固。也。受氣成胎。穴坐後蔭。左抱右兜。局。堅。氣。穩。

言立穴適宜也。地大須緊。地小須寬。不。寬。不。緊。氣。脈。安。安。

言。穴。外。無。累。也。四周平垣坦平。無遮無蔽。無漏無沖沖。光。潔。美。麗。

醒心篇

雲間蔣平階大鴻氏著

世間萬事半荒唐。風水真機更暗藏。日日尋師求吉地。未明真假反遭殃。此本天機秘不泄。先賢那背信口說。天玉青囊盡啞謎。後人錯解非真訣。我失慈親在早年。誤依偽術地三遷。一朝忽受真師秘。悟到庖羲一畫先。人人盡說山龍好。識得來龍穴未真。向背正偏倘顛倒。正恐體(骸)骨化為塵。勸君且莫葬深山。山深幹老性粗頑。四圍障蔽陽和少。穴裏無風氣脈寒。勸君切莫葬高頂。

四面風搖吹骨冷安言天穴取天清總是捕風兼
捉影 勸君切莫葬高空山勢灣環圍抱多只說
無風藏氣暖豈知積水穴生波 勸君且莫葬山
脚雖有龍來非結作斜飛硬住總為砂花假星辰
情味薄 勸君切莫葬山坡坦平一片似氈鋪縱
有微微浪痕起風拂水濶奈愁何 勸君切莫葬
墩阜遠山地高牽連就真脈不來空作堆無骨無
筋浮土覆 葬山諸病分明說還向君家漏真訣
但尋來脈看生成自有原形無破缺 蘆鞭倒地

木當作水
層當作屏
不當作必

木之形穿珠落地是金星。土宿玉層皆美穴。此為
格上產豪英。　亦有名扦正坐擻。應知石脉石羅
紋。此。是。生。龍。真。變。化。不。然。有。水。抱。其。身。　也有流
神。疊疊來。即無星體亦成胎。凝。骨。接。液。栽培的。塋
後應須出俊才。　貫頂無踪脉未真。半山浪湧土
生紋。穴藏息肉變。肩厚。不怕伶仃不怕貧。　塋山
三格誰人識只看本身休看容。遠朝近案莫貪求。
虎缺龍虧何用惜。　直。來。直。接。脉。方。粘。正。形。正。坐。
四。肢。寬。若。下。偏。斜。兼。側。勢。頂。棺。無。氣。一。肩。寒。　更

租旁作祖

有石龍并石穴。乃。是。幹。龍。真。大。結。世人何德可承擔。高著雙眸漫漫說。

十山不及一平洋。江北江南富貴鄉。曾見世家諸祖墓大都平地少山岡。只。將。水。脈。作。龍。看。大。幹。小。枝。須。辨。確。水。若。行。時。龍。亦。行。水。若。歇。時。龍。亦。歇。

第一莫下大水際。雖有灣環氣不住。另開小水界其身。一。派。汪。洋。皆。翕。聚。

第二莫下衆水門。人言諸水聚天心。數道分流脈渙散。風。飄。水。蕩。絕。兒。孫。

第三莫下朝水角。水来水去情如削。雖然横界不兜收。一旦失元無救

瀾考作沿

藥。第四莫下田角尖。水斜反射如火燃。今日安墳明日哭。兵刑火盜瘟瘽起。此言幹水不可穴。支水之中亦有嫵。形。若。尖。斜。成。火。曜。近。身。反。去。損。胎。元。池塘湖沼真龍脈。曲水朝迎鄉相格。一。灣。一。轉。須。有。情。下著蓬門換朱黻。不分前後與旁邊。坐向端然看水瀾。恨殺時師下斜穴。欲朝客水遠峰巒。總之地貴金水土。切忌直木與尖火。不。論。地。形。及。水。形。偶。一。犯。之。未。見。可。況乎地好尤賴時。三六旋移應早知。得。令。者。興。失。令。敗。天。元。歸。

厚露微詞　真人指點天機秘撥霧披雲始見天
更憫世人多夢寐慨然再作醒心篇

神火精

土實氣靜空則動動則氣縱龍亦送大塊不空氣
不通通不知窮何處矣　自是時師眼力庸兩水
便道夾真龍若是脈還差一線陰陽交戰禍來重
　陽和萬類皆有育陰慘萬類皆被戮要知育是
神火精戮是脈寒水脱愊　世人那識神火精真
火原從水裏生黍透玄空奇妙理水中火氣熖騰

騰善識火者搆其光上下四旁皆有焱太近太遠不接光接得無傷有物昌接脈下乎竟如何尺寸分明界不模逐宮合得真經緯元氣氤氳養太和

趙文鳴宸藻氏三元地理詩二百二十韻

稽古龍負圖。觀者維伏羲。察象畫八卦。萬載常相垂。中合陰與陽物物不可違。公劉遷都豳。陰陽相其宜。并往觀流泉。卜宅因於斯。文王囚羑里。畫卦與羲毗。後天爲入用。道契洛書徵。成王營邑洛邑乃命周公。姬相宅澗瀍閒。卜年八百奇。姬公制指南。路指越裳迷。天生三大聖。制立千秋規。迨漢黄石公。青囊肘後貽。迨晋郭景純。葬書不我欺。明指坤兑乾。坎艮震巽離。可見宅與墓。不出卜九圍。及唐邱延翰。其意心獨知。著書凡三卷。高宗禁收闈。復詔一行僧。銅函亂其詞。賴有楊筠松。竊翰書東歸。參考作天玉。與語古所稀。後傳曾公安。黃妙應同躋。至宋吳景鸞。廖瑀賴布衣。司馬謝子敬。幕講卜則巍。蕭客董遇元。舒南陳希夷。各各守其道。尚未涉邪思。奈明多偽術。怪誕如魅魑。忽著雪心賦。名托文公熹。并撰平砂尺。註冒誠意基。雪心不待辨玉尺真堪嗤。中主生旺墓。此法起於誰。共稱為三合。無本并偏私。況分為雙山。八卦俱參差。辰巽丙

午折。丁未丙己皆。甲夘未坤散。庚申辰乙排丑艮
庚辛亂。寅甲辛戌攙。乾亥子癸紊。癸丑壬亥皆。八
卦聖人作。顛倒罪難辭。誤盡天下人。法究豈徒咎
更有見淺者。奉之如靈蓍。與言終不聽。如醉又如
痴。幸生蔣大鴻。辨正法仁慈。天元歸厚錄。醒心神
火詩。中有審運篇。脫穎猶毛錐。一白上元龍。二黑
三碧陪。四綠為中運。五黄六白擠。七赤係下元。八
白九紫挨。一白即為坎。二坤三震推。四綠即為巽。
中黄乾六比。七赤即為兑。八艮九離儕。此開天地

秋。至理真我詩。數聖所未洩。諸賢所未窺。譬如春夏秋。四時運旅移。譬如晨晝夜。一日迭相催。譬如少壯老。一身未盛衰。上元譬諸春。日暖風和熙。倘得三陽水。可卜無替萎。中元譬夏秋。平分先後齊。下元譬諸冬。氣短日凄其。有龍須有水。界龍旋縈迴。水繞氣方積。水蓄地始幾。有水始有龍。交媾分雌雄。水自離方至。龍即坎方來。水自乾方到。龍即巽方回。水自坤方進。龍即艮方開。水自兌方注。龍即震方徊。如響之必應。如影之必隨。如魚之潛躍。

如鳶之高飛。視之雖不見。體物無時遺。以此交三合。三合理真非。況乎指南針。譬如向日葵。何為添內外。空自相譏訾。我謂三元旨。明同照水犀。其理細如髮。其論圓如圭。楊曾未發秘。天地自然機。一定不可易。了然無復疑。必先明斯義。然後察地圻。胸中具成竹。運用見操持。茲分作三端。水山與揚畿。平洋專看水。因水運我施。曲水原如水。如玄如草之。圓如金者固。直如木者摧。方如土者重。尖如火者災。端而正者靜。偏而斜者隳。環而抱者福。反而背者饑。向而朝者貴。沖而射者隤。深而長者富。淺而短者墮。前龍謂之攀。後龍謂之騎。左龍及右龍。夾龍傍水濶。水外應防漏。幹中應捶枝。單泉須曲抱。夾澗須瀠洄。夭矯或如龍。蜿蜒或如蛇。飛舞或如鳳。奔躍或如螭。環繞或如帶。通達或如蓮。游行或如虵。蟠蓄或如蠵。朝拱或如笏。頴秀或如芝。穴前宜漸高。穴後宜漸低。長房看左渚。幼房看右抵。另有湖與蕩。以及沼與池。總以元運合。衰旺從此掞。值元莫出卦。出卦恐遭羅。山法論山龍。起伏及高卑。連脈及本峰。飛脈在遠厓。或結山之巔。或聚山之陂。或凝山之麓。或鍾山之坯。或藏山之腰。或止山之隈。向我者多子。背我者無兒。朝我者受福。冲我者少孩。渙散者每敗。環抱者聚貲平正者常定。欹側者永乖。連絡者能久。截斷者退財。重疊者出秀。坦易者鮮木周圍或如垣。盤繞或如籬。勢鎮或如壘。陣列或如碁。峥嶸或如虎。蟠踞或如獅。障蔽或如屏。掩映或如帷。招搖或如幟。揮動或如旗。孕育真結穴。迎接亦成胎。騎脊既覺異。斬關尤見奇。亦以九運合。衰旺從此祈。值元莫出卦。出卦終成灰。陽基有三種。村城與廛巇。村以水為主。路更輕於扉。城以水為末。重門等于街。山路門皆次。最怕山風吹。然此特外勢。內局當細裁。宅體貴端方。偏斜者非佳。宅向貴清純。出卦者多病。宅門貴值旺。失令者難培。宅最重卧房。脫運更難諧。宅弄重香火。所賴在先祠。屋宇須相稱。庭除毋太恢。或有分居者。一宅別東西。門門關興敗。戶戶關樂衰。終將元運合。一貫如珠纍。值元莫出卦。出卦尤多

哉。此為擇地法。詞簡意無虧。惟待細推求。大吉已
備兮。更有選日訣。法細猶如絲。昔舜齊七政。玉衡
與璿璣。七政者為何。日月五星臺。以此看行運。躔
度原堪稽。後遭秦火滅。至漢宣帝階。詔臣耿壽昌。
鑄銅渾天儀。日月中旋運。五星昭其輝。今之選日
者。彼此多疑猜。或將斗首譽。或將演禽詆。或更用
奇遁。徒為大雅譏。試讀衛風定。營室方中煇。又云
揆以日。日更照丹墀。可見日星集。何事紛紛為。況
乎日與月。代天左右司。五星附其末。四餘且後追。

安有神與煞。上蔽爻爻曦。且人死既久。命豈猶在
茲。矧彼生人命。與人分兩歧。惟此入墓日。乃為受
命日。譬如人初生。落地成形骸。斯真陰宅命。禍福
藏先幾。陽基義亦同。立柱日為指。法以日為主。月
隨日冏揆。五星木火土。金水互逶迤。四餘炁孛羅。
計又常相依。氣乃木餘孽。孛乃水餘漪。羅乃火餘
焰。計乃土餘泥。日隨天方轉。一日一度扡。一月一
宮遍。一歲周天跡。月又隨日運。十三度日遂。望對
朔同宮。常借日光輝。水星贏縮轉。十二日度秅。火

星順逆轉。二日一度。土星廿八日一度行獨遲。
金星喜伏行。一日一度。水星惟順輪。一日一度
栖。炁星廿八日。一度行亦遲。孛星每暗旋。九日一
度趁。羅星與計星。十八日度顛。相對皆逆運。不差
毫與釐。雨水日躔亥。春分戌宮馳。穀雨過酉界。小
滿申畔棲。夏至未到境。大暑午上暆。處暑至巳分。
秋分辰內羈。霜降来夘域。小雪寅中維。冬至臨丑
徑。大寒子位棲。元旦月臨亥。廿八復至危。二月廿
六轉。三月廿三趁。四月廿一繼。五月十九運。六月

十七接。七月十四逕。八月十二紹。九月初十趣。十月初八嗣。十一初六毗。十二初三續。元旦危又趨。亥宮危至室。戌室連壁奎。酉婁及胃昴。申昴畢參觜。未觜還連井。午鬼柳星裨。巳星與張翼。辰翼軫角伺。卯角亢氐房。寅房心尾箕。丑箕并合斗子牛虛女縻。此為躔度法。十二支為匙。既明日月星。始擇日輪隈。在何宮及度。配向合山溪。或拱闕夾輔。坐照手分抵。既定月與日。選時奮筆揮。立命在何宮。恩用須並提。陰令用火溫。陽令用水滋。春秋二

分候。五行兼指麼陽宅日為主。卯六時升堤。陰宅
月為主。酉六時築堆。倘逢日月蝕。不便立壇壝。娶
婦看宅向。門牀衰旺咨。灶重鍋趨生。火門背納煤。
天元五歌中。斯法原畢該。我于三元旨。探索十餘
朞。諸子語遍覽。蔣公書日咨。八卦覩我目。洛書融
我懷。并覆舊墳宅。應驗如灼龜。禍福同操劵。興廢
若刊碑。故雖老且病。終歲猶孜孜。信極轉為樂。奔
走幾忘疲。余今制二盤。出入常相携。擇地持八卦。
擇日持地支。常存救貧志。敢比文正醫。

河圖

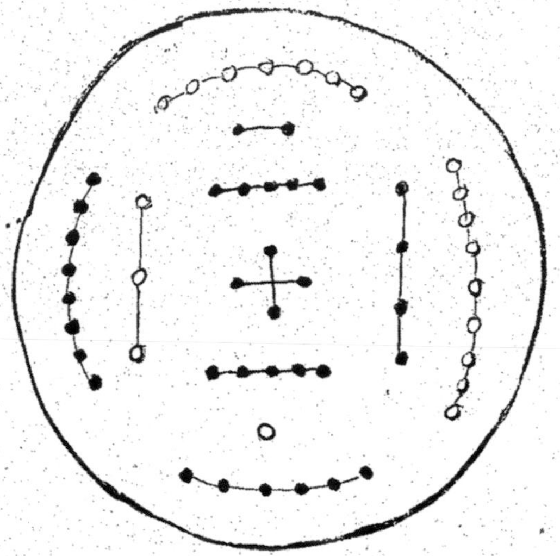

洛書

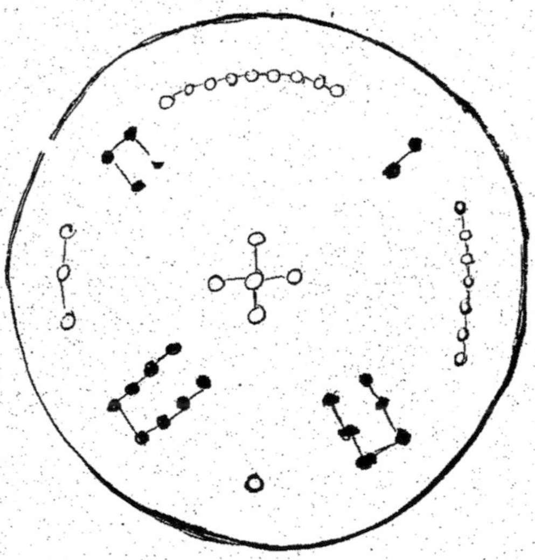

先天八卦

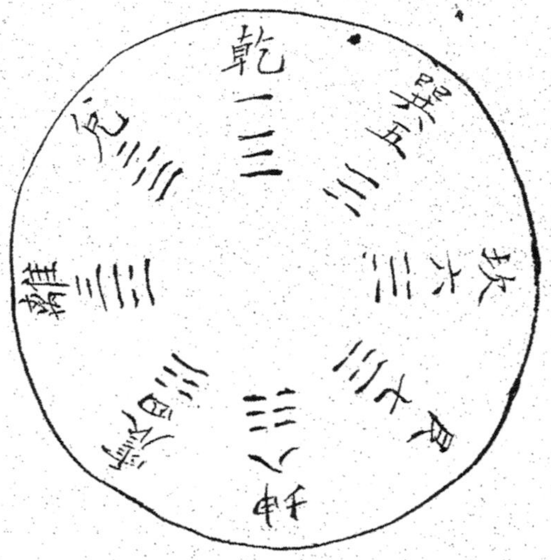

伏羲畫

後天八卦

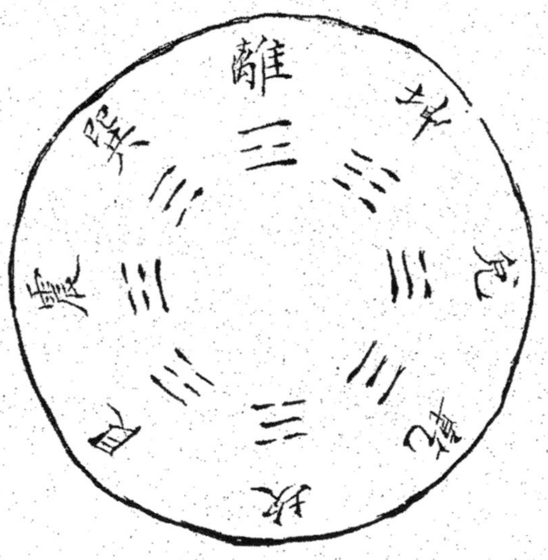

文王畫

三元秘旨要法

堪輿之道由来已久自河出圖洛出書伏羲觀之以畫八卦而陰陽五行之理寓焉迨公劉遷豳而曰相其陰陽觀其流泉文王伐密伐崇而曰度其鮮原居岐之陽在渭之將成王營洛邑而命周公相宅于瀍水東瀍水西之間凡載于詩書者班班可考夫曰相曰觀曰度可知古聖人築城營邑未有不於泉水交流之處察其陰陽者也况文王畫後天八卦并與周公繫之以辭周公更制指南車

以定心於周公之於地理諒必神而明之特未嘗筆之於書耳至秦樗里子漢管公明雖有著述未暢厥旨及讀黃石公授赤松子青囊經與玄女三字青囊言簡意該真堪輿之鼻祖也他如青烏狐首僅傳其文猶軼其姓氏迨晉郭景純作葬書簡而古深而奧斯道大明而尚未明言其所以然至唐邱延翰洞曉源流高宗取其所著師授理氣心印三卷藏之內府又患民間有明其術者于是詔一行禪師偽造銅函經以亂其真悉皆倒裝生旺

反用休囚以惑世。賴贛水楊筠松。竊延翰之書以還江左。心契其微。神明變化。作青囊奧語。天玉經。都天寶照經。遍地鉗。撼龍。疑龍。倒杖諸書。真。出神入。化。故。其號曰。救。貧。後以斯道傳其徒曾公安。公安博採群搜。作青囊序。黃妙應亦楊高弟。作穴法二十四歌。宋吳景鸞得楊曾之秘。作道法雙談等書。後授廖金精。金精亦有作法秘旨等書。賴文俊作催官。張子微作玉髓經。司馬頭陀作寓形論。劉江東作三寶經。謝子敬作寸金賦。舒南僧作怪穴圖。蔡牧作、堂穴情賦。謝子期作水鉗說。胡矮仙作家寶經。又若董遇元、唐朝生、李淳風、卜則巍、陳希夷、蕭智深、劉秉忠、王仙師、劉誠意、幕講師、吳天柱、明。其。道。者。不。可。腸（勝）數。然或有書。或無書。或。雖有書。而。終。不。明。言。其。故。以致江河術士。僅識字樣。不究其義。即、稍、知、其、義。而、不、能、力、探、其、奧。貽誤於世。并有喜新好異之徒。毫無真見。固陋寡聞。創立僻論。造作偽書。附會穿鑿。反、使、真、傳、的、派、湮、沒、不、彰。即如平砂玉尺。托名劉秉忠撰。劉誠意註。夫文成公不特輔翼興王治功顯赫即文章著作楊維新稱為千古人豪子房玄齡不逮所故不必覽其全集即二鬼一詩已知其世傳平洋認龍諸訣之皆偽托矣豈能以超羣絕俗之筆降而作鄙俚粗俗之辭與秉忠註釋此等不通之論哉其與雪心賦之托名朱子無異矣我于此而并知玉尺之斷非秉忠所撰也況其中雙山三合之說全無考據不特辭說支離而且義理悖謬即如葬書云葬乾者葬坤者葬艮葬巽葬震葬離葬兌葬坎者靈誠精義

云用先天以統龍用後天以布局又云地以八方定位正坤道之權輿故正子正午為地盤居內以應地之實即此可見地理祇當從後天八卦分上中下三元隨運施用安有所謂長生沐浴冠帶臨官帝旺衰病死墓絕胎養十二位之目哉且地本八方而以十二位折之則兩字一割遂將八卦逐一分散紊亂顛倒之至矣夫八卦之按八方起于文王義符洛書經周公孔子以及前古後今諸聖諸賢諸儒之目無有疑之者而忽遭無知妄作之

徒暗欲變易欺世惑衆亦怪誕之極矣刻有無目之徐之鎮李國木葉九升輩註釋繪圖梓行于世亦惑之甚者也就其註解曰定龍立向仍從八卦用正針消納硝水須從生旺墓用縫針如此則龍向與砂水分爲兩途矣我知文王周公孔子復生未肯以爲然也且指南不可移動若用三盤則中盤之子是外盤之癸明差一字矣豈指南而可以子可以癸乎總之庸愚一流胸無書史不明真僞謹守陳言誰克訂正韋雲間將大鴻先生得無極

子八極神樞枕中秘記之真傳識見高明心思透徹洞河洛之淵源會楊曾之奥妙撰地理辨正歸厚録天元歌水龍経序醒心篇神火精太極篇混元歌八宅天元賦陽宅指南等書以河圖先天八卦為體以洛書後天八卦為用體洛書後天八卦之旨發出上中下三元之義開古今不易之機闢天地自然之運恍如撥雲霧而見青天當亦食（發）文王周公孔子所欲發而未發之旨者也夫上中下三元之義其来遠矣且在洛書後天八卦中所固

有特蘊而未洩後人見不到耳今枕中記云南離西兌東北艮位三方水繞名為元始乾門巽戶二方水繞五黃得氣北坎東震西南坤地三方水繞是維元會歸厚錄審運篇云上元一統黑碧佐治中元四統五六鼎峙下元七統八九迭制其徒沈生註云上元甲子以一白坎為統龍二黑坤三碧震輔之共主六十年坎先管二十年甲申入坤甲辰入震各管二十年然在一元之內皆乘旺氣而坎為主星中元甲子以四綠巽為統龍五黃中宮

六白乾輔之主治亦如前下元甲子以七赤兌為統龍八白艮九紫離輔之主治亦如前蓋後天八卦之坎坤震巽乾兌艮離即洛書之一白二黑三碧四綠七赤八白九紫合而為一者也一二三屬上元四五六屬中元七八九屬下元此天地自然而然中所自有之運正如天造地設斷無絲毫勉強于其間也豈若生旺墓之無中生有天外飛来者乎且夫天地不能有靜而無動古今不能有止而無行有興必有敗有盛必有衰此自然之運不

可強也。試觀一年之中。自有春夏秋冬之換。一日之內。自有晨昏晝夜之移。一人之身。自有少長壯老之異。豈天與人如是。而地獨無循環衰旺之候乎。特坎離為天地之中氣。中男中女即先天之乾坤。中藏戊己真土。故三元不敗者多。天玉經云。三陽水向盡源流。富貴永無休。於此可見矣。蓋上元猶如一年之春日。暖氣長。直貫一年。一日之晨。氣象清明。直貫一日。一人之幼。純陽體健。直貫一生。故上元三龍在中。元未嘗不發。蓋中元即上元之餘氣可見上元龍並旺中元中元龍亦當有餘力旺于下元然不及上元之力大而久下元之龍亦旺上元然為力甚微即看一年之冬一日之暮一身之老一轉瞬而已過矣故在上元須收坎坤震三旺龍離艮兌三殺水在中元須收巽乾兩關之水與龍而兼收上元坎坤震龍兌艮離水雖坎坤震龍不必全收而兌艮離水則斷不可缺一也若在下元其氣甚短不特無兼法且難于下手蓋因下元之龍即上元之水下元之水即上元龍之兩

元正屬相反故雖下元應收離艮離兑龍坎坤震水
然終氣弱不久我意下元之地祇可浮厝待至上
元而另擇上元地遷塟之庶幾無失也于此知水
與龍對有水即有龍如上元離水南来則知龍從
坎方而至即為坎局的真上元骨格艮水東北方
来則知龍從坤方而至即為坤局亦係上元骨格
兑水西来則知龍從震方而至即為震局亦係上
元骨格中元四六兩關總以兩頭有水為妙下元
坎坤震水来則知龍從離艮兑方而至即為離艮

兌局的真正元骨格此陰陽交媾之至理如影之必隨如響之必應鳶飛魚躍體物而不可遺者也青囊經云陽以相陰陰以含陽陽生于陰柔生于剛陰德弘濟陽德順昌是故陽本陰陰育陽天依形地附氣夫氣即龍之謂也有水即有氣水有形而氣無形試思天地之中何處不有氣何物不有氣何時不有氣無有拘束無有方向無有時候有氣則生無氣則死乘氣則旺脫氣則衰故葬書曰葬者所以乘生氣也特因氣無定所從東而來即

從西而去從南而至即從北而行惟藉水以蓄之故青囊經云乘風則散界水則止此之謂也豈似玉尺所云龍從水轉之死氣哉總之上元以坎坤震為旺龍則必當收離艮兌之煞水中元四六兩關龍水殺旺俱足下元以離艮兌為旺龍則必當收坎坤震之煞水此一定不易之理了然無疑者也胸中明此元運然後執羅經擇地所謂胸有成竹方有主持試先以平洋言之平洋者專以水為法有水始有地水無来去之分而有老嫩之異方

正者為吉。斜飛者為凶。曲折者為吉。硬直者為凶。環抱者為吉。反背者為凶。圓如金形者吉。直如木形者凶。方如土形者吉。尖如火形者凶。曲如水形而朝拱者吉。直如木而冲射者凶。有關鎖兜收結聚積蓄者吉。若歪斜渙散欹側雜亂者凶。太濶者氣不聚。太狹者氣不收。太小者氣不畜。太短者氣不凝。太淺者氣不積。太逼者氣不安。水清者貴之象。土厚者富之形。向正者丁自盛。水深者財有餘。地秀者人亦秀。局方者人亦方。故立向不可欹側。定局、慎、勿、偏、斜。面前之玄朝向。是謂攀、龍。背後屈曲流行。是謂騎、龍。兩傍灣環緊抱。是謂夾、龍。幹水雖灣。必得抱身枝、水、界住。方能結穴。曲水雖聚。若于水、外、另、枝、漏、去。便、非、結、穴。水以近、者為貼、身。若坐上元離、宮近水。而一折即至坤、方而去。即、為出卦。苟至坤直至兌。則坤為過、水。兌、與離、為同、元。便佳各、元、同。水以綿長為有力。若從巽、方到離、傍穴。而一曲即向坤、方而去。雖長無益。惟自丙、轉丁、復曲至、丙。或左轉抱穴。或右轉抱穴。終、不、出、離、宮、總、妙。

各元同水有一道單纏亦以回顧不出卦為的又
有二水夹抱亦以屈曲不出卦為主并有衆水交
會終以畜聚合旺元為真穴後須低是謂坐空穴
前須高是謂朝湍穴傍須平房分乃均長房看左
小房看右中房看中以元推之當旺者吉當煞者
凶另有湖蕩須從支水兜抱處或坐或朝得元則
吉更有池沼須從方正橫平處或坐或朝得元則亦
吉總之擇地時先將羅經向貼身逆水格清若幹
河坎離向則東西支河必是兌震向終作一九字

看。貼、離水則、坎龍貼、坎水則、離龍貼、兑水則、震龍貼、震水則、兑龍貼、離兑水、是、上元貼坎震水、是、下元必先辨明。若餘河、乾巽向則東北、西南大河必是、坤艮向貼巽乾水俱係中元若貼坤水是、下元貼、艮水是、上元此中尤宜辨。明(辨)明于心。然後照元貼定、何方。作、何格局。受值元之旺氣穴場審定。然後看水之來去。曲折淺深長短斜正方圓。有情、無情。出、掛不出、掛。看地之高低厚薄斜正方圓長短濶狹寬緊疎密渙聚。並實地之進、氣。清與不清。

凡內星外垣。俱按定值元之運。一絲不走。方為全美。次言山法。山法不異于水法。山以山龍為。猶水之以水為龍。幹水之傍。不可作穴。猶如高山之上。難以作墳。故登山看地。須按形勝審勢。凡陰陽向背之高低凹凸俯仰方圓平側斜正長短曲直環抱兜收高聚渙散順逆生死遠近連絡斷續起伏。然後細辨落脈。脈有連脈。有飛脈。連脈只在山本。飛脈却在他山。隱隱隆隆。其間自有真穴也。或體結體特出。前朝如揖。後衛如送。左有護持。右有關鎖。穴在其中。或平坡結聚。左龍右虎。前回後抱。或土或石。或阜或岡。穴在其內。或有盤山。尾抱其首。如環之圓。堂局深穩。穴在其心。或有小山。藏于大嶺。崇岡外護。疊嶂四圍。穴在其際。山之俯者、上聚而下散。穴在山之巔。山之仰者、上散而下聚。穴在山之麓。山之正者、上下散而中聚。穴在山之腰。山之偏者、前後散而左右聚。穴在山之脇。第一、忌空窩。空窩積水。不可穴。第二、忌平坦。平坦氣散。不可穴。第三、忌天風。山頂風搖。不可穴。第四、忌龍背。龍背勢反。

不可穴。是以尋穴之法。有三。一曰孕育。孕育之穴。結聚之穴也。或腰結。或大盡。真龍特出。變化方成有奇脉。有正星。不是石函。須見太極。此穴至美。二曰迎接。迎接之穴。不必真結。而亦此山變動發生之機。或起息肉。或掛流神。扦之之法。迎其旺氣。接其生機。不見石函。亦無太極。只要真土潤澤堅凝。便為真穴。三曰邀奪之穴。龍身之穴也。真龍邀奪方行未止。而龍脊之上。勢若三停。穴星呈露。則立騎龍之穴。或轉關之處。真峽之旁。節苞萌芽。穴星忽現則立斬關之穴凡此二穴亦真穴也總之山法雖與水法不同然亦以元運合之別其生死辨其衰旺原與水法合轍特山穴必當後高與水穴必當後低殊為相反耳至于陽基元運與平洋山法無二但比陰宅宜濶大雄壯其興廢盛衰較陰宅尤重其應驗尤速因人身住于其中也宅有三種村野城市山谷村野以水為主風明方隅次之道路又次之大河則大應小河則小應當以值元按之城市以街巷道路為先方隅風門為要而水

次之。蓋街道衆人所共。風門一家所獨。終以值元。察之。山谷以風為主。餘皆次之。風来吉方則吉。風来凶方則凶。總以值元別之。然此特外勢之分。而內局則一也。第一看宅體。或方或圓或長或匾。終要端正。第二看宅向。用掛定宅。全在坐向。坐中爻最清。若在兩傍。恐雜他掛。最忌丙丁未庚申己辰中線。衰旺不齊。禍福難定。第三看開門。引路門。乃宅之咽喉。命脉所係。如門在離方。即為離氣。若坎方。又開後門。即為坎離合氣之宅。衰旺參半。此外再有第三門。即為破掛。將兩門之氣走洩。雖在旺方。終非所宜。總要重動值旺為主。第四看臥房。臥房係宅主宅母寢息之所。生男育女。尤為一宅之根本。凡門道臥床。終要照元運安排。第五看神祠。此是祖宗棲息之所。與陰宅無異。宅中天井不宜寬曠。蓋風自上而下。小則聚氣。大則迎風。宅外空缺之處。尤為非宜。屋以前後左右高低大小長短要相稱。一宅分居。一門可分作二門三門。或前或後。或東或西。一門又有一門之衰旺。一間并有一間之衰旺終以一理貫之橋梁在旺方反吉修理添造總以旺方為主凡生炁天醫福德并太歲三煞等俱可置之不道又有覆舊一法亦以元運推之無有不驗但陰陽二宅俱得旺運自必興隆陰陽二宅俱值衰運自必退敗若陰宅旺陽宅衰陽宅旺陰宅衰此中須辨別衰旺之輕重親疎遠近斷之百無一失也若夫擇日其理愈細昔舜璿璣玉衡以齊七政七政者日月五星也古来本有此法遭秦而滅至漢宣帝時耿壽昌鑄銅為之名曰

渾天儀。即璣衡之遺法也。又讀衛風定之方中之
章。定營室星也。又曰揆之以日。作于楚室。可見作
室。未有不以日為主。星為用者也。而後世紛紛。或
用斗首。或用演禽。或用奇遁。皆以三煞太歲陰府
空亡金神退氣年尅月壓等為拘忌。豈知天地不
過陰陽。陰陽見諸日月五星。運天地之陰陽而冠
乎萬物之上。既有日月五星。又焉有所謂神煞哉。
即或有之。亦必為日月五星所壓制矣。且人而既
死。已無所謂命矣。惟塟之年月日時。乃入地之始。

譬如人初生之日也此真陰基之命也陽宅亦然故陰宅以入土日為期陽宅以立柱日為主其法備于天元第五歌七政之運行以十二地支為用靈誠精義云天以十二分野正躔度之次舍故壬子丙午為天盤居外以應天之虛于此見十二支之羅經明指將以正日月五星之躔度故曰天盤並非為消砂納水之用也而無識者猶托名楊公之所制亦覺無因之至矣我故分制二盤地盤列八卦將以擇地天盤列十二支將以擇日擇日之

法。須先明日、月、五星、四餘。日者隨天左旋。一日繞地一周。比天運為不及一度。一月行一宮。月者亦隨天左旋。一日不及天運十三度。二十八日一周天。月本無光。受日之光為光。合壁謂之朔。近一遠三。謂之弦。相與為衡。分天之中。謂之望。以速及舒。光靜體復。謂之晦。五星。即金、水、木、火、土。四餘。即炁、孛、羅、計。炁為木之餘。孛為水之餘。羅為火之餘。計為土之餘。日一日行一度。月一日行十三度。木星十二日行一度。水星一日行一度。金星一日行一度。火星二日行一度。土星二十八日行一度。炁星二十八日行一度。孛星九日行一度。羅星計星俱十八日行一度。相對逆行。正月日躔亥。二月日躔戌。三月日躔酉。四月日躔申。五月日躔未。六月日躔午。七月日躔巳。八月日躔辰。九月日躔卯。十月日躔寅。十一月日躔丑。十二月日躔子。正月初一。月臨亥宮。危廿八日復至危。二月廿六。三月廿三。四月廿一。五月十九。六月十七。七月十四。八月十二。九月初十。十月初八。十一月初六。十二月初三。

至正月初一復至危。總廿八日一周天。朔與日同宮。望與日對照。此一定不易之數。亥宮虛八度起室七度。戌宮室八至奎九度。酉宮奎十至昴一度。申宮昴二至參七度。未宮參八至井廿六度。午宮井廿七至星四度。巳宮星五至翼七度。辰宮翼八至角七度。卯宮角八至氐十六度。寅宮氐十七至箕初度。丑宮箕一至斗廿一度。子宮斗廿二至虛七度。每宮各三十度。每宮居中之十八度受氣深。當論宮。前後各六度受氣淺。當論度。此其大畧也。

選擇須先將七政查明我所擇之日月在何宮何度與山向或拱或夾或關或輔或坐或照何為拱夾關輔坐照如子山午向日在申月在辰則為拱山取三方拱照之義若日在辰月在申同日在亥月在丑或日在丑月在亥則為夾日在酉月在卯或日在卯月在酉則為關日在戌月在寅或日在寅月在戌則為輔日月在子則為坐日月在午則為照或日在子月在午日在午月在子則為坐照坐照為上拱夾次之關輔又次之餘卦皆然壬癸

山俱作子山看。因、三、爻、同掛也。卯、酉二宮亦然。若乾山巽向。必須格清。兼辰、則以辰為主。兼巳則以巳為主。坤、艮二宮亦然。日月既定。次按某時。立命某宮。與日、月有無拱夾。關輔坐照。主星屬何五行。有無恩用。并拱夾、關、輔、坐、照。然後立命宮。定八字。猶須先明六合五行。方可選時。凡生我者為恩。我生者為用。剋我者為難。我剋者為仇。如子與丑合。故子丑皆屬土。火羅為恩。金為用。木炁為難。水孛為仇。寅與亥合。故寅亥皆屬木。水孛為恩。火羅為用。金為難。土計為仇。卯與戌合。故卯、戌、皆屬火。木炁為恩。土計為用。水孛為難。金為仇。辰與酉合。故辰、酉、皆屬、金。土計為恩。水孛為用。火羅為難。木為炁為仇。巳與申合。故巳、申、皆屬、水。金為恩。木炁為用。土計為難。火羅為仇。午、乃離明。故、屬、日。怕、木、炁、掩光。故以木炁為難。土計為仇。金水為恩。火羅為用。未、宮陰深。故、屬、月。怕、土、計、掩、光。故以土計為難。火羅為仇。金為恩。木炁為用。選法從日上順數。逢卯、逢酉、即止。陽宅逢卯。卯日之初出。陽象也。陰宅逢酉。酉日之將入陰象也。故陽宅用卯上六時陰宅用酉下六時。春分秋分。前後共十五日。水孛火羅土計木炁金可以兼用。春分七日後至秋分七日前。宜以水孛為用神。秋分七日後至春分七日前。當以火羅為用神。陽令用水陰令用火陰陽相濟之道也。但又有以恩為用者。如陽令用水孛。而命主是木。以難為用者。如陽令用水孛。而命主是火。以恩為忌者。如命主屬土。以火羅為恩。而值陽令。以難為忌者。如命主屬金。以火羅為難。而又值陽令。以恩為忌。有制亦佳。以難為用。遇化猶妙。又有春本木旺。以水孛為恩。然在春初。猶有微寒。尚當以火羅溫之。夏本火旺。以木炁為恩。然恐薰太（熱）太盛。反致息滅。土以火羅為恩。春夏二季。土旺之後。陽盛陰衰。不可與火羅同度。秋令金旺。以金（土）計為恩。然恐土重金埋。反為掩晦。冬令水旺。以金為恩。然無火羅溫之。則金寒水冷。凍結不流。總當細細。參酌。至有日月薄蝕。前後共七日內。不宜作事。又有嫁娶重房門床榻。門作向論。床作山論。其拱關夾輔與建造同、又有作灶。重氣口。鍋門氣口、也。灶門納旺。氣口、趨生。更立命宮。取吉星拱關夾輔按之。我今選二日期。為擇月之式。如子宅午向。擇乾隆四十一年六月十七日亥時先取七政查十七日。日到午宮柳初度。復取量天尺用亥時。從午宮柳初、日上。順數一直下去。遇酉而止。係在辰宮度軫初度。即命安辰宮軫初度。辰屬金。火羅為難。木炁為仇。土計為恩。水孛為用。月到午宮柳初度為照山守向。月到子宮牛二度為坐山照向。水在末宮井十九度。孛在巳宮翼二度。為水孛夾向。又為陽令用神。計在午宮鬼二度為恩主。金在午宮鬼二度為命主。共居向上午宮。扶助甚見得力。羅在子宮牛四度。雖為夏令所忌。然與並處一宮。其月火焉能勝月。正所謂羅月交輝。亦屬不妨。火在未宮井初度。木在未宮井九度。土在辰宮軫九度。氣在辰宮軫九度。此四星無甚關照。此是陰宅。故逢酉而止。若陽宅。又當用上六時。遇卯而止。應擇巳時。恩用與亥時同。又擇十二月初六日巳時。日到

丑宮斗十六度。月到亥宮危十六度。為夾。木到未
宮井十六度。火到辰宮軫四度。土到卯宮亢二度。
金到子宮虛九度。羅水到丑宮牛六度。氣到辰宮角
二度。孛到辰宮軫四度。羅到丑宮斗十九度。計到
未宮井廿四度。陽宅用巳時。從丑宮斗十六度日
上起。一直順數下去。遇卯而止。至亥宮室二度命
即安亥宮室二度。亥屬木。金為難。土計為仇。水孛
為恩。火羅為用。況月照命宮。日照羅星用神。及身
主。互相夾山。甚是得力。子宮又有恩星守照。更無

不吉也。若陰宅用亥時。遇酉即止。命即安亥宮。恩用同。又年要明年上起月法。如遇甲年己年。正月是丙寅月。乙年庚年。正月是戊寅月。丙年辛年正月是庚寅月。丁年壬年。正月是壬寅月。戊年癸年正月是甲寅月。從正月順數至所擇之月。便知何月。又日上起時法。如甲日己日。子時是甲子時。乙日庚日。子時是丙子時。丙日辛日。子時是戊子時。丁日壬日。子時是庚子時。戊日癸日。子時是壬子時。從子時順數至所擇之時。便知何時。即如四十一年六月十七日亥時。四十一年是丙申。丙上起正月是庚寅。數至六月是乙未。若日之干支。必須在時憲書上查。若以前遠年之日。須在萬年書上查。查此十七日是丙辰。丙上起時是戊子。從戊子順數至巳時。是癸巳。若亥時是己亥。造成八字。丙申年。乙未月。丙辰日。癸巳時。及己亥時。若十二月初六巳時法同。是丙申年。辛丑月。壬寅日。乙巳時。及辛亥時。其干支又在六十年花甲子上推。至天干地支。將以編紀年月日時。並無孤虛旺相之分也。

世人多以甲子乙丑別好歹。亦謬極矣。蓋干支與年月日時無關。惟七政年月日時乃衰旺之真根耳。須細參靜悟方得。堪輿之要。盡於此矣。余少壯時。留心舉業。暇習詩詞書畫。地理一道。泛乎未之聞也。至五旬候。兩大人相繼而逝。不忍輕葬因延垂髫契友張醒癡覓地。醒癡本從三合入手。後受業于華涇劉後覺子。劉與汪云吾友善。盡得蔣公三元之秘。余初聞之。并不知有三元三合之殊。日與醒癡談論。漸明其理。後得觀其書。始悟三合之非。三、元、之、是。并醒癡預言人家之宅墓衰旺吉凶。無、一、不、應。復自斷人家之宅墓衰旺吉凶。亦、無、一、不、應、驗。于此深信無疑。迨弟璞函盡節金川。賜塋歸里。而醒癡亦相繼而歿。余益參考加詳。屏棄一切。日思夜夢。乃買得八角地一方。塟我先人。并買地塟璞函。心始釋然。晴川公塋地。取都臺浦大幹河。自辛方上元水入黃家溝小幹河。約有四五里之遠。從墓前回環兜抱。到辰。至巽。曲折約有三四里長。此、係、幹、河、大、勢。墓、却、坐、在、黃、家、溝、大、轉、灣、之、中。立丙山壬向。其枝河自乾方入口。至戌。至辛。復北至乾。南至丁。兜抱至午。至丙。至巳。穴坐巳丙午下四龍兜抱。的真上元骨格。穴東中元辰巽水曲折朝堂。穴西中元乾戌水。上元酉辛水。曲折朝堂潮来自辛戌兜抱墓前朝堂。潮去自辰巽兜抱墓前朝堂。此真四面朝堂之局。其龍自巽入卯轉至壬歸穴。的真坎龍入局。況地高土厚。圓渾環繞金形而兼土形。墓後田低。墓前田高。并合坐空朝滿之法。此係上元骨格而兼中元。上元為主。中元為

輔悠久不替之地也至于茲日擇乾隆四十一年
二月二十一日子時格取太陽到戌宮奎初度太
陰到寅宮心二度為三方拱照自能壓制一切但
木旺于春二月初一春分平氣乙過十九日固當
以水孛為用神然其時寒氣未除尚宜以火羅溫
之故用子時則命安未宮屬月月雖怕土掩光而
早有輔山之木照二用星以制之木在申宮畢十
一度氣在辰宮軫五度所謂日月拱山輔向木照
拱向輔山日月為主木氣為用三方圍環拱照四

面圓轉特全之格又有戌宮太陽照火寅宮太美陰照身主命主互相拱照并有向上羅火以助木之勢雖土計坐山而終不為患矣況山坐午宮屬日而又有子宮羅火以對照之火為日之用神更無不吉也且用子時并在下六時中陰宅所一定也若璞函葢地取都臺浦榦河自辛方上元水向南午丙方去其枝河自上元丁方入口至中元巽方轉灣兜抱至中元乾亥方止乾亥方有大方池照映中元自旺又于辰方向西方關至丁方收上

元之水。勒下。元之。龍。立寅山申向。坐上。元。水。收上。
元。龍。此為坤局。的真上。元。骨格。然。貼身。係乾巽兩
關之水。故以中。元。為主。上。元。為輔。蓋。上。元。龍。並。旺。
中。元。故。在。中。元。中。必。當。兼。上。元。申方又有高峯遠
照。亦合朝滿之法。又擇乾隆四十年乙未十月戊
子十。五。己未日癸酉。時安葬。格取日。到寅。宮尾一
度。月。到申。宮畢一度。為坐。照。山。向。命安寅宮。木為
主。日。月。並守。照。命。宮。及。身。主。命。主。水到卯宮氐十
一度為恩。火到丑宮斗四度為。用。恩用又係夾。山。

得力之至。此篇雖撮取大畧。但句句緊要。字字金針。特作此以示次兒秉源。慎勿輕洩浮薄之士。況此區區。不過入門之要法。非三元之道已盡於此。尚當取蔣公諸書熟讀深思。更參以楊曾黃石郭郎廖賴謝張吳蔡司馬幕講等作。即三合中之僞書。亦須反覆考合深究得失是非。庶幾了然心目。無自悮悮人之患也。乾隆四十一年丙申夏六月

乙未上海趙文鳴字宸藻號清泉撰

晴川公墓圖

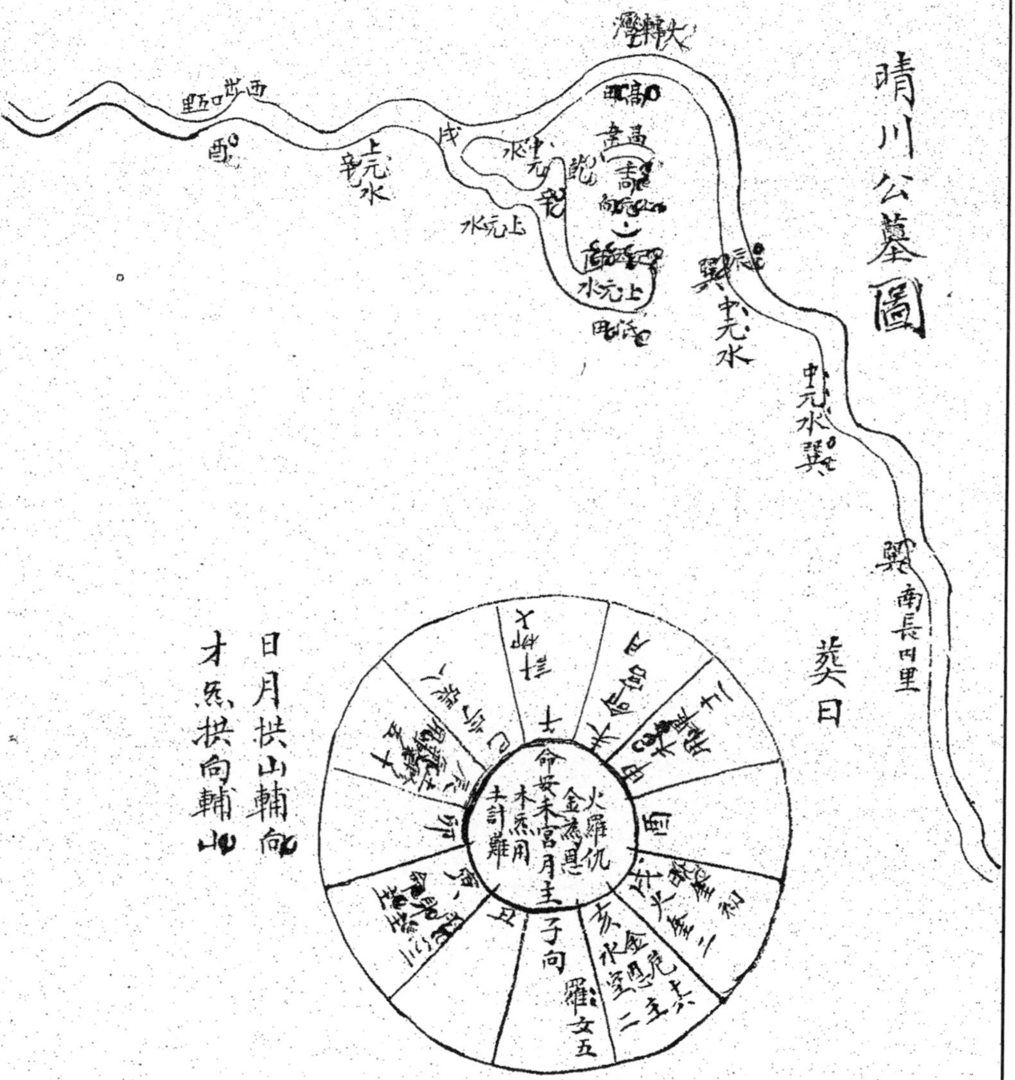

璞函墓圖

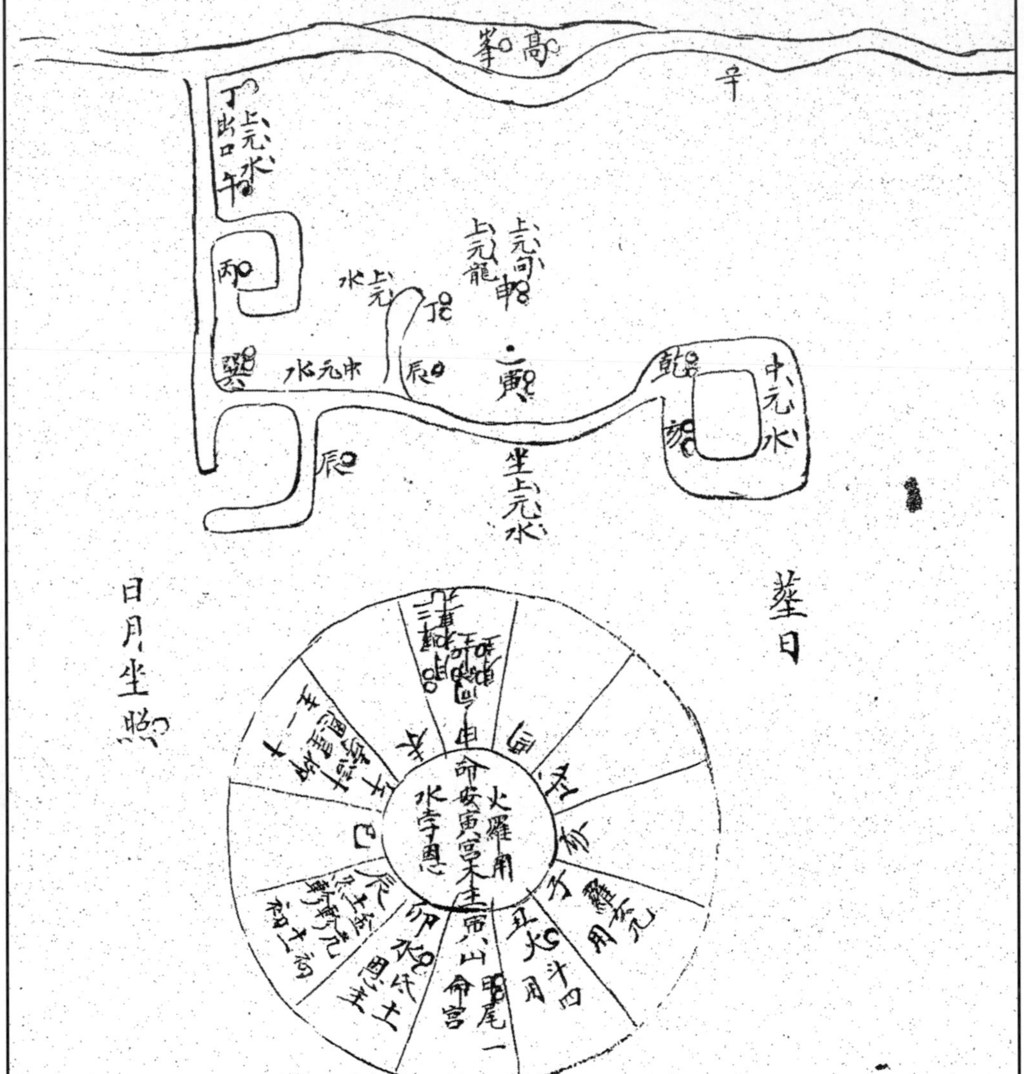

三元緊要秘法

地理之道。三元為的。上元一、二、三。中元四、五、六。下元七、八、九。在八卦。一為坎。二為坤。三為震。四為巽。六為乾。七為兌。八為艮。九為離。在九星。一白。二黑。三碧。四綠。五黃。六白。七赤。八白。九紫。上元甲子二十年。一、白、坎管運。自宜收坎、龍。立坎、向。為旺。龍旺。向。收離、水為煞、水緊。貼。離。水為坎局。甲申二十年。二、黑坤管運。自宜收坤、龍。立坤、向。為旺。龍旺。向收艮、水為煞、水緊。貼。艮。水為坤局。甲辰二十年。三、碧、震管運自宜收震龍立震向為旺龍旺向收兌水為殺水繫貼兌水為震局中元甲子二十年四綠巽管運自宜收巽龍立巽向為旺龍旺向收乾水為殺水繫貼乾水為乾局甲申二十年中黃管運乾巽龍向水皆合甲辰二十年六白乾管運自宜收乾龍立乾向為旺龍旺向收巽水為煞水繫貼巽水為乾局下元甲子二十年七赤兌管運自宜收兌龍立兌向為旺龍旺向收震水為殺水繫貼震水為兌局甲申二十年八白艮管運自宜收艮

龍。立艮、向。為。旺。龍。旺。向。收坤、水、為煞、水。緊。貼。坤。水。為艮局。甲辰二十年。九紫、離管運。自宜收離、龍。立離、向。為。旺。龍。旺。向。收坎、水、為煞、水。緊。貼。坎。水。為離局。此一。定。不。易。之。旨。然上元一白坎龍。得天、地之、中、氣。不惟力量深長。統領上元。而且直貫中下二元。故。午。水。為。三。元。不。敗。之。水。然、與中元。譬、如朋、友。相、益、而、無、相、損。不若下元水。即上元龍。下元龍。即上元水、相、反、如、仇。不、相、親、而、相、害、也。故在上元中。必須兼、用中元。即、至、中、元。亦、得、相、旺。在中元時。尤

須兼用上元。方能悠久。若至下元。氣力短淺。終與上中二元相背。雖得令而發。亦不能久也

甲寅九月抄竣共四十六頁

占筮類			
1	擲地金聲搜精秘訣	心一堂編	沈氏研易樓藏稀見易占秘鈔本
2	卜易拆字秘傳百日通	心一堂編	
3	易占陽宅六十四卦秘斷	心一堂編	火珠林占陽宅風水秘鈔本
星命類			
4	斗數宣微	【民國】王裁珊	民初最重要斗數著述之一；未刪改本
5	斗數觀測錄	【民國】王裁珊	失傳民初斗數重要著作
6	《地星會源》《斗數綱要》合刊	心一堂編	失傳的第三種飛星斗數
7	《斗數秘鈔》《紫微斗數之捷徑》合刊	心一堂編	珍稀「紫微斗數」舊鈔秘本
8	斗數演例	心一堂編	
9	紫微斗數全書（清初刻原本）	題【宋】陳希夷	斗數全書本來面目；有別於錯誤極多的坊本
10－12	鐵板神數（清刻足本）——附秘鈔密碼表	題【宋】邵雍	無錯漏原版　秘鈔密碼表　首次公開！
13－15	蠢子數纏度	題【宋】邵雍	蠢子數連密碼表　打破數百年秘傳　首次公開！
16－19	皇極數	題【宋】邵雍	清鈔孤本附起例及完整密碼表　研究神數必讀！
20－21	邵夫子先天神數	題【宋】邵雍	附手鈔密碼表　研究神數必讀！
22	八刻分經定數（密碼表）	題【宋】邵雍	皇極數另一版本；附手鈔密碼表
23	新命理探原	【民國】袁樹珊	子平命理必讀教科書！
24－25	袁氏命譜	【民國】袁樹珊	
26	韋氏命學講義	【民國】韋千里	民初二大命理家南袁北韋
27	千里命稿	【民國】韋千里	
28	精選命理約言	【民國】韋千里	北韋之命理經典
29	滴天髓闡微——附李雨田命理初學捷徑	【民國】袁樹珊、李雨田	命理經典未刪改足本
30	段氏白話命學綱要	【民國】段方	民初命理經典最淺白易懂
31	命理用神精華	【民國】王心田	學命理者之寶鏡

32	命學探驪集	【民國】張巢雲	發前人所未發 稀見民初子平命理著作
33	澹園命談	【民國】高澹園	
34	算命一讀通——鴻福齊天	【民國】不空居士、覺先居士合纂	
35	子平玄理	【民國】施惕君	
36	星命風水秘傳百日通	心一堂編	
37	命理大四字金前定	題【晉】鬼谷子王詡	源自元代算命術
38	命理斷語義理源深	心一堂編	稀見清代批命斷語及活套
39－40	文武星案	【明】陸位	失傳四百年《張果星宗》姊妹篇 千多星盤命例 研究命學必備
相術類			
41	新相人學講義	【民國】楊叔和	失傳民初白話文相術書
42	手相學淺說	【民國】黃龍	民初中西結合手相學經典
43	大清相法	心一堂編	重現失傳經典相書
44	相法易知	心一堂編	
45	相法秘傳百日通	心一堂編	
堪輿類			
46	靈城精義箋	【清】沈竹礽	沈氏玄空遺珍 玄空風水必讀
47	地理辨正抉要	【清】沈竹礽	
48	《玄空古義四種通釋》《地理疑義答問》合刊	沈瓞民	
49	《沈氏玄空吹虀室雜存》《玄空捷訣》合刊	【民國】申聽禪	
50	漢鏡齋堪輿小識	【民國】查國珍、沈瓞民	失傳已久的無常派玄空經典
51	堪輿一覽	【清】孫竹田	
52	章仲山挨星秘訣（修定版）	【清】章仲山	章仲山無常派玄空珍秘 門內秘本首次公開 沈竹礽等大師尋覓一生未得之珍本！
53	臨穴指南	【清】章仲山	
54	章仲山宅案附無常派玄空秘要	心一堂編	
55	地理辨正補	【清】朱小鶴	玄空六派蘇州派代表作
56	陽宅覺元氏新書	【清】元祝垚	簡易・有效・神驗之玄空陽宅法
57	地學鐵骨秘　附　吳師青藏命理大易數	【民國】吳師青	釋玄空廣東派地學之秘
58－61	四秘全書十二種（清刻原本）	【清】尹一勺	玄空湘楚派經典本來面目 有別於錯誤極多的坊本

62	地理辨正補註　附 元空秘旨　天元五歌　玄空精髓　心法秘訣等數種合刊	【民國】胡仲言	貫通易理、巒頭、三元、三合、天星、中醫
63	地理辨正自解	【清】李思白	公開玄空家「分率尺、工部尺、量天尺」之秘
64	許氏地理辨正釋義	【民國】許錦灝	民國易學名家黃元炳力薦
65	地理辨正天玉經內傳要訣圖解	【清】程懷榮	秘訣一語道破，圖文并茂
66	謝氏地理書	【民國】謝復	玄空體用兼備、深入淺出
67	論山水元運易理斷驗、三元氣運說附紫白訣等五種合刊	【宋】吳景鸞等	失傳古本《玄空秘旨》《紫白訣》
68	星卦奧義圖訣	【清】施安仁	三元玄空門內秘笈　清鈔孤本 過去均為必須守秘不能公開秘密 與今天流行飛星法不同
69	三元地學秘傳	【清】何文源	
70	三元玄空挨星四十八局圖說	心一堂編	
71	三元挨星秘訣仙傳	心一堂編	
72	三元地理正傳	心一堂編	
73	三元天心正運	心一堂編	
74	元空紫白陽宅秘旨	心一堂編	
75	玄空挨星秘圖　附 堪輿指迷	心一堂編	
76	姚氏地理辨正圖說　附 地理九星并挨星真訣全圖　秘傳河圖精義等數種合刊	【清】姚文田等	蓮池心法　玄空六法 門內秘鈔本首次公開
77	元空法鑑批點本——附 法鑑口授訣要、秘傳玄空三鑑奧義匯鈔　合刊	【清】曾懷玉等	
78	元空法鑑心法	【清】曾懷玉等	
79	曾懷玉增批蔣徒傳天玉經補註【新修訂版原（彩）色本】	【清】項木林、曾懷玉	
80	地理學新義	【民國】俞仁宇撰	揭開連城派風水之秘
81	地理辨正揭隱（足本）　附連城派秘鈔口訣	【民國】王邈達	
82	趙連城傳地理秘訣附雪庵和尚字字金	【明】趙連城	
83	趙連城秘傳楊公地理真訣	【明】趙連城	
84	地理法門全書	仗溪子、芝罘子	巒頭風水，內容簡核、深入淺出
85	地理方外別傳	【清】熙齋上人	巒頭形勢、「望氣」「鑑神」
86	地理輯要	【清】余鵬	集地理經典之精要
87	地理秘珍	【清】錫九氏	巒頭、三合天星，圖文並茂
88	《羅經舉要》附《附三合天機秘訣》	【清】賈長吉	清鈔孤本羅經、三合訣法圖解
89－90	嚴陵張九儀增釋地理琢玉斧巒	【清】張九儀	清初三合風水名家張九儀經典清刻原本！

91	地學形勢摘要	心一堂編	形家秘鈔珍本
92	《平洋地理入門》《巒頭圖解》合刊	【清】盧崇台	平洋水法、形家秘本
93	《鑒水極玄經》《秘授水法》合刊	【唐】司馬頭陀、【清】鮑湘襟	千古之秘，不可妄傳匪人
94	平洋地理闡秘	心一堂編	雲間三元平洋形法秘鈔珍本
95	地經圖說	【清】余九皋	形勢理氣、精繪圖文
96	司馬頭陀地鉗	【唐】司馬頭陀	流傳極稀《地鉗》
97	欽天監地理醒世切要辨論	【清】欽天監	公開清代皇室御用風水真本
三式類			
98－99	大六壬尋源二種	【清】張純照	六壬入門、占課指南
100	六壬教科六壬鑰	【民國】蔣問天	由淺入深，首尾悉備
101	壬課總訣	心一堂編	過去術家不外傳的珍稀六壬術秘鈔本
102	六壬秘斷	心一堂編	
103	大六壬類闡	心一堂編	
104	六壬秘笈——韋千里占卜講義	【民國】韋千里	六壬入門必備
105	壬學述古	【民國】曹仁麟	依法占之，「無不神驗」
106	奇門揭要	心一堂編	集「法奇門」、「術奇門」精要
107	奇門行軍要略	【清】劉文瀾	條理清晰、簡明易用
108	奇門大宗直旨	劉毗	天下孤本　首次公開　虛白廬藏本《秘藏遁甲天機》　奇門不傳之秘　應驗如神
109	奇門三奇干支神應	馮繼明	
110	奇門仙機	題【漢】張子房	
111	奇門心法秘纂	題【漢】韓信（淮陰侯）	
112	奇門廬中闡秘	題【三國】諸葛武侯註	
選擇類			
113－114	儀度六壬選日要訣	【清】張九儀	清初三合風水名家張九儀擇日秘傳
115	天元選擇辨正	【清】一園主人	釋蔣大鴻天元選擇法
其他類			
116	述卜筮星相學	【民國】袁樹珊	民初二大命理家南袁北韋
117－120	中國歷代卜人傳	【民國】袁樹珊	南袁之術數經典